Bolo de Avó

60 receitas fáceis, econômicas e com gosto de infância!

por André Boccato

ADMINISTRAÇÃO REGIONAL DO SENAC NO ESTADO DE SÃO PAULO

Presidente do Conselho Regional:

Abram Szajman

Diretor do Departamento Regional:

Luiz Francisco de A. Salgado

Superintendente Universitário e de Desenvolvimento:

Luiz Carlos Dourado

Conselho Editorial:

Luiz Francisco de A. Salgado

Luiz Carlos Dourado

Darcio Sayad Maia

Lucila Mara Sbrana Sciotti

Luís Américo Tousi Botelho

Gerente/Publisher

Luís Américo Tousi Botelho

Coordenação Editorial

Verônica Marques Pirani

Prospecção

Andreza Fernandes dos Passos de Paula

Dolores Crisci Manzano

Paloma Marques Santos

Administrativo

Marina P. Alves

Comercial

Aldair Novais Pereira

Comunicação e Eventos

Tania Mayumi Doyama Natal

Editora Senac São Paulo

Av. Engenheiro Eusébio Stevaux, 823 – Prédio Editora

Jurubatuba – CEP 04696-000 – São Paulo – SP

Tel. (11) 2187-4450

editora@sp.senac.br

https://www.editorasenacsp.com.br

© Editora Senac São Paulo, 2017

As fotografias das receitas deste livro são ensaios artísticos, não necessariamente reproduzindo as proporções e a realidade das receitas, as quais foram criadas e testadas pelos autores, porém sua efetiva realização será sempre uma interpretação pessoal dos leitores.

Projeto Gráfico: Arturo Kleque Gomes Neto

Coordenação de Produção: Arturo Kleque Gomes Neto

Revisão de textos: Guilherme Carmona

Cozinha Experimental: Aline Maria Terrassi Leitão / Otávio Rigonato

Fotografias das Receitas: André Boccato página 85 / Cristiano Lopes páginas 10, 13, 17, 21, 22, 25, 30, 41, 42, 46, 50, 53, 57, 58, 65, 70, 73, 77, 82, 89, 90, 93, 94, 100, 102, 106, 109, 114, 117 e 126 / Paulo Braga páginas 9, 14, 18, 26, 29, 33, 34, 37, 38, 45, 49, 61, 62, 66, 69, 74, 78, 81, 86, 97, 98, 105, 110, 113, 118, 121 e 122 / Tatiane Freitas página 125

Produção Fotográfica: Cristine Maccarone

Dados Internacionais de Catalogação na Publicação (CIP)

(Jeane Passos de Souza - CRB 8ª/6189)

Boccato, André

Bolo de Avó: 60 receitas fáceis, econômicas e com gosto de infância! / André Boccato -- São Paulo : Editora Senac São Paulo, 2017.

ISBN 978-85-396-0291-9

12-066s   CDD – 641.8653

Índice para catálogo sistemático:

1. Bolos : Receitas : Gastronomia 641.8653

Bolo de Avó

Se existe uma lembrança gastronômica coletiva, comum a todos nós, é a do cheiro de bolo na infância. Fosse da vovó, da mamãe ou da titia, não importa: atire a primeira fatia quem não se lembra daquele irresistível aroma doce vindo da cozinha, logo a seguir acompanhado da massa ainda quentinha, macia, sob uma cobertura crocante na medida, amaciando tão carinhosamente nossas tardes.

Devemos aos portugueses essa nossa herança de assar uma farinha e colocar nela sabores variados. Em nossa história gastronômica, tão carente de trigo em seus primórdios, a mandioca do Nordeste, aliada ao açúcar da cana, fez nossa base histórica e nisso o sociólogo Gilberto Freyre fez importantes registros, herança de avós de muitas gerações. Quem puder deve ler sobre isso.

E nem todos sabem, mas receita não tem registro, ou seja, não se pode registrar uma receita de bolo de cenoura – essa exclusividade inexiste, já que trata-se de um bem de todos. Melhor assim, já que essa é uma das heranças que carregamos da infância: as receitas dos bolos que comíamos em família. É por isso que, para a maioria das pessoas, sempre haverá o melhor bolo do mundo, feito por alguém especial que, em nossas memórias, será para sempre o melhor autor da melhor receita de bolo.

Aos nossos autores, simbolizados aqui por nossa "avó", uma avó de todos, fica nosso obrigado por todas as mãos carinhosas que misturaram farinhas, ovos, paciências, amores, fermentos, chocolates, coberturas e, ainda, generosas doses de afeto. E que, sobretudo, nos legaram as memórias de tantos sabores que de alguma forma queremos sempre lembrar, para nós mesmos e para as novas gerações.

Este livro é assim: um jeitinho simples, mas gostoso, de lembrar e passar adiante. Faça a sua receita, pois ela será sempre única, "a sua receita", do seu jeito! Sim, pois ainda que todos saibam quais são os ingredientes, faltará aquele toque especial, intangível, que não cabe em nenhum receituário, porque nasce no seu coração e desabrocha na fôrma de bolo. Mais do que isso, que desabrocha em um sorriso infantil de todas as idades, e em uma lembrança que sempre ficará.

André Boccato

Sumário

Bolo Baba ao Rum 8

Bolo de Cenoura 11

Bolo Souza Leão 12

Bolo de Chocolate com Canela 15

Bolo de Ameixa Seca 16

Bolo de Banana 19

Bolo de Pecã 20

Bolo de Mandioca 23

Bolo de Damasco 24

Bolo de Fubá Cremoso 27

Bolo de Frutas 28

Bolo de Batata-Doce 31

Bolo de Laranja 32

Bolo de Limão 35

Bolo Europeu 36

Cuca de Maçã 39

Bolo de Fubá com Goiabada 40

Bolo Fofo com Especiarias 43

Bolo de Maracujá 44

Bolo de Morango 47

Fofura de Castanha-do-Pará 48

Bolo Pudim 51

Bolo Bom Dia 52

Bolo de Chocolate e Pera 55

Bolo Rápido 56

Bolo de Gengibre 59

Bolo de Milho 60

Bolo de Chocolate e Amêndoas 63

Bolo de Abacaxi e Coco 64

Rocambole Quero Mais 67
Bolo de Maçã 68
Bolo de Tapioca 71
Bolo Fofo de Requeijão 72
Bolo de Coco com Laranja 75
Brownie 76
Bolo de Chocolate 79
Bolo Misto 80
Bolo Formigueiro 83
Bolo de Neve 84
Bolo de Café Crocante 87
Bolo Floresta Negra 88
Cuca de Goiaba 91
Bolo de Chocolate Branco com Amêndoas 92
Bolo Saudade da Infância 95
Bolo Invertido de Manga 96
Bolo de Abóbora com Calda de Chocolate 99
Bolo Saúde 100
Bolo Chocofesta 103
Bolo com Chocolate e Calda de Maracujá . . . 104
Bolo Brigadeiro 107
Bolo Luís Felipe 108
Bolo de Banana com Nozes-Pecã 111
Bolo Prestígio 112
Bolo Farofa de Amendoim 115
Bolo de Mel e Iogurte 116
Bolo Sertanejo 119
Bolo Mesclado 120
Bolo de Natal 123
Bolo para o Chá da Tarde 124
Bolo de Festa 127

Bolo Baba ao Rum

Ingredientes

Calda
1 e 1/2 xícara (chá) de açúcar / 1 xícara (chá) de água / 1/3 de xícara (chá) de rum

Massa
2 tabletes de fermento biológico fresco (30 g) / 2 colheres (sopa) de leite morno / 1 colher (sopa) de açúcar / 1 tablete de manteiga sem sal em temperatura ambiente (200 g) / 5 ovos / 1 pitada de sal / 3 xícaras (chá) de farinha de trigo / 1 colher (chá) de raspas de laranja / 1/2 xícara (chá) de uvas-passas claras sem sementes

Cobertura
1 e 1/2 xícara (chá) de geleia de damasco

Modo de Preparo

Calda
Coloque a água e o açúcar em uma panela e leve para ferver. Desligue e acrescente o rum.

Massa
Dissolva o fermento no leite morno. Junte o açúcar, a manteiga, os ovos, o sal, a farinha de trigo peneirada, as raspas de laranja e as uvas-passas. Coloque em uma fôrma de furo central untada e enfarinhada. Deixe crescer e dobrar o volume, coberto com um plástico filme. Retire o filme e leve ao forno preaquecido em temperatura média por 40 minutos. Ainda dentro da fôrma quente fure o bolo e regue com a calda de rum. Deixe esfriar. Desenforme e cubra com a geleia de damasco.

Rendimento: 12 porções
Tempo de Preparo: 2 horas e 30 minutos

Bolo de Cenoura

Ingredientes

3 cenouras médias picadas
1/2 xícara (chá) de óleo
4 ovos
1 xícara (chá) de farinha de trigo
1/2 xícara (chá) de amido de milho
1 colher (sopa) de fermento em pó
1 e 1/2 xícara (chá) de açúcar
200 g de chocolate ao leite picado
2 colheres (sopa) de creme de leite

Modo de Preparo

Bata no liquidificador as cenouras, o óleo e as gemas. Passe para uma tigela e acrescente a farinha de trigo, o amido de milho, o fermento e o açúcar. Misture bem. Bata as claras em neve e incorpore, delicadamente, à massa. Coloque em uma fôrma untada e enfarinhada e leve ao forno preaquecido em temperatura média por 40 minutos. Espere esfriar. Derreta o chocolate com o creme de leite no banho-maria e cubra o bolo.

Rendimento: 10 porções
Tempo de Preparo: 1 hora e 10 minutos

Bolo Souza Leão

Ingredientes
1 kg de açúcar
2 xícaras (chá) de água
2 xícaras (chá) de manteiga
1 colher (chá) de sal
1 kg de massa de mandioca (puba)
16 gemas
3 xícaras (chá) de leite de coco
3 canelas em pau
1 colher (chá) de cravo-da-índia
1 colher (chá) de sementes de erva-doce

Modo de Preparo
Em uma panela, coloque o açúcar, a água e leve ao fogo, mexendo até o açúcar dissolver. Pare de mexer e deixe a calda ficar em ponto de fio fino. Retire do fogo, junte a manteiga, o sal e misture até amornar. Em uma tigela, coloque a massa de mandioca e misture as gemas alternando com o leite de coco. Acrescente a calda e misture. Passe a massa por uma peneira fina e junte a canela, o cravo e a erva-doce. Despeje a massa em uma fôrma redonda untada e leve ao forno, no banho-maria, em temperatura média - alta por 50 minutos. Deixe amornar e desenforme.

Rendimento: 10 porções
Tempo de Preparo: 1 hora e 15 minutos

Bolo de Chocolate com Canela

Ingredientes
1 tablete de manteiga em temperatura ambiente (200 g)
2 xícaras (chá) de açúcar
4 ovos
3 xícaras (chá) de farinha de trigo
1 colher (sopa) de fermento em pó
1/2 xícara (chá) de chocolate em pó
1/2 colher (chá) de canela em pó
1 xícara (chá) de leite

Calda
1 xícara (chá) de água
1 xícara (chá) de açúcar
1 canela em pau
açúcar de confeiteiro para polvilhar

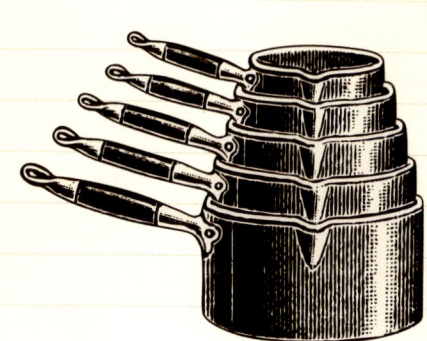

Modo de Preparo
Bata a manteiga com o açúcar até que forme um creme. Junte as gemas e continue batendo até obter um creme fofo. Junte a farinha de trigo, o fermento, o chocolate e a canela, alternando com o leite. Incorpore as claras batidas em neve, delicadamente. Coloque em uma fôrma de furo central untada e enfarinhada. Leve ao forno preaquecido em temperatura média por 40 minutos. Deixe amornar e desenforme.

Calda
Coloque a água, o açúcar e a canela em uma panela e leve ao fogo por 5 minutos. Desligue, retire a canela e regue o bolo com essa calda. Polvilhe o açúcar de confeiteiro.

Rendimento: 10 porções
Tempo de Preparo: 1 hora e 5 minutos

Bolo de Ameixa Seca

Ingredientes

10 ameixas sem caroços
1/2 xícara (chá) de vinho branco suave
2 colheres (sopa) de margarina derretida
1 e 1/2 xícara (chá) de açúcar
2 ovos
1/2 xícara (chá) de suco de abacaxi concentrado
2 xícaras (chá) de farinha de trigo
1/2 colher (chá) de canela em pó
1/2 colher (chá) de noz-moscada
1 colher (sopa) de fermento em pó

Modo de Preparo

Coloque as ameixas de molho no vinho branco e deixe por 30 minutos. Escorra, reservando o vinho. Pique as ameixas e reserve. Bata a margarina com o açúcar e adicione os ovos. Pare de bater, misture o vinho reservado e o suco de abacaxi. Acrescente a farinha de trigo, a canela, a noz-moscada, o fermento e as ameixas. Despeje a massa em uma fôrma de furo central untada e enfarinhada. Leve ao forno preaquecido em temperatura média por 40 minutos. Desenforme e sirva morno ou frio.

Rendimento: 10 porções
Tempo de Preparo: 1 hora e 30 minutos

Bolo de Banana

Ingredientes
Massa
3 ovos
2 xícaras (chá) de açúcar cristal
1/2 xícara (chá) de óleo
3 bananas-nanicas maduras amassadas
2 xícaras (chá) de farinha de rosca
1 colher (sopa) de fermento em pó
Calda
1/2 xícara (chá) de açúcar cristal
1/2 xícara (chá) de água
1 banana-nanica em rodelas

Modo de Preparo
Massa
Bata, no liquidificador, os ovos com o açúcar cristal e o óleo. Junte as bananas, a farinha de rosca e o fermento. Coloque em uma fôrma de furo central untada e enfarinhada. Leve ao forno médio pre-aquecido por cerca de 40 minutos. Deixe esfriar e desenforme.
Calda
Leve ao fogo o açúcar cristal e a água por cerca de 10 minutos. Junte a banana e cozinhe por mais 10 minutos. Deixe esfriar. Sirva o bolo com a calda de banana.

Rendimento: 12 porções
Tempo de Preparo: 1 hora e 10 minutos

Bolo de Pecã

Ingredientes
1 e 1/2 tablete de manteiga em temperatura ambiente (300 g)
1 e 3/4 de xícara (chá) de açúcar
5 ovos batidos
2 e 3/4 de xícara (chá) de farinha de trigo
2 colheres (chá) de fermento em pó
1 e 1/2 xícara (chá) de nozes-pecã picadas
raspas e suco de 1 laranja

Cobertura
1 e 1/4 de xícara (chá) de açúcar de confeiteiro
raspas e suco de 1/2 laranja
nozes-pecã para decorar

Modo de Preparo
Bata a manteiga e o açúcar até formar um creme e adicione os ovos, um a um. Junte a farinha de trigo, o fermento, as nozes, as raspas e o suco de laranja. Passe a massa para uma fôrma untada e enfarinha e leve ao forno preaquecido em temperatura média por 40 minutos. Deixe amornar e desenforme.

Cobertura
Misture o açúcar com as raspas e o suco de laranja. Despeje essa cobertura sobre o bolo e decore com as nozes.

Rendimento: 10 porções
Tempo de Preparo: 1 hora

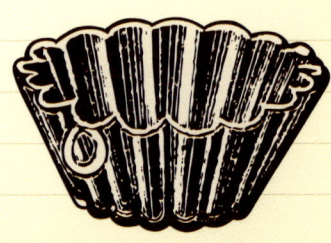

Bolo de Mandioca

Ingredientes
2 xícaras (chá) de açúcar
1/2 tablete de manteiga em temperatura ambiente (100 g)
3 ovos
1/2 colher (chá) de cravo-da-índia em pó
2 xícaras (chá) de mandioca crua ralada
1 vidro de leite de coco (200 ml)
1/2 xícara (chá) de farinha de trigo
1 colher (sopa) de fermento em pó

Modo de Preparo
Bata o açúcar, a manteiga e as gemas até formar um creme. Junte o cravo, a mandioca, o leite de coco e continue batendo. Adicione a farinha de trigo e o fermento. Bata as claras em neve e incorpore, delicadamente, à massa. Coloque a massa em uma fôrma untada e enfarinhada e leve ao forno preaquecido em temperatura média por 40 minutos. Espere amornar e desenforme.

Rendimento: 10 porções
Tempo de Preparo: 1 hora

Bolo de Damasco

Ingredientes
4 ovos
2 xícaras (chá) de açúcar
4 colheres (sopa) de manteiga em temperatura ambiente
2 xícaras (chá) de farinha de trigo
1 xícara (chá) de amido de milho
1 xícara (chá) de leite
1/2 xícara (chá) de conhaque
1/2 colher (sopa) de canela em pó
1 colher (sopa) de fermento em pó
1 xícara (chá) de damascos secos picados

Modo de Preparo
Bata, na batedeira, as gemas, o açúcar e a manteiga até formar um creme. Acrescente a farinha de trigo, o amido de milho, o leite, o conhaque, a canela e bata por 2 minutos. Misture o fermento e os damascos. Bata as claras em neve e incorpore, delicadamente, à massa. Passe para uma fôrma untada e enfarinhada e leve ao forno preaquecido em temperatura média por 40 minutos. Espere amornar e desenforme.

Rendimento: 12 porções
Tempo de Preparo: 1 hora

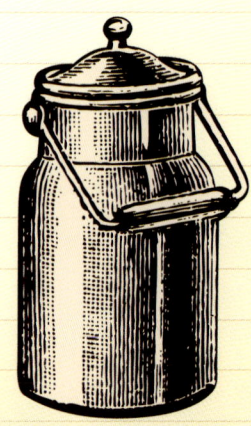

Bolo de Fubá Cremoso

Ingredientes
4 ovos
2 e 1/2 xícaras (chá) de açúcar
4 xícaras (chá) de leite
2 colheres (sopa) de margarina
1/2 xícara (chá) de amido de milho
1 xícara (chá) de fubá
1 colher (sopa) de fermento em pó
1 xícara (chá) de coco ralado
1/2 xícara (chá) de queijo meia cura ou curado ralado

Modo de Preparo
Bata no liquidificador os ovos, o açúcar, o leite, a margarina, o amido de milho, o fubá, o fermento em pó, o coco ralado e o queijo ralado. Coloque em uma fôrma retangular untada e enfarinhada. Leve ao forno preaquecido em temperatura média por 50 minutos. Deixe amornar e corte em quadrados.

Rendimento: 12 porções
Tempo de Preparo: 1 hora e 10 minutos

Bolo de Frutas

Ingredientes
1/4 de xícara (chá) de frutas cristalizadas / 1/4 de xícara (chá) de cerejas em calda escorridas e picadas / 1/4 de xícara (chá) de damascos secos picados / 1/4 de xícara (chá) de ameixas secas picadas / 1/4 de xícara (chá) de uvas-passas claras / 1/2 xícara (chá) de nozes picadas / 1 xícara (chá) de farinha de trigo / 1/2 xícara (chá) de amido de milho / 1/2 colher (sopa) de fermento em pó / canela em pó, cravo-da-índia em pó e noz-moscada a gosto / 3 ovos / 1/2 xícara (chá) de açúcar mascavo / 3 colheres (sopa) de margarina / 1/4 de xícara (chá) de glicose de milho / 3/4 de xícara (chá) de suco de laranja / 1/4 de xícara (chá) de açúcar de confeiteiro

Modo de Preparo
Em um recipiente, junte as frutas cristalizadas, as cerejas, os damascos, as ameixas, as uvas-passas, as nozes, a farinha de trigo, o amido de milho, o fermento, canela, cravo e noz-moscada. Reserve. Bata na batedeira as gemas com o açúcar mascavo, a margarina e a glicose de milho até formar um creme fofo. Acrescente a mistura de frutas e ingredientes secos alternando com o suco de laranja. Bata as claras em neve e incorpore, delicadamente, à massa. Coloque em uma fôrma de furo central untada e enfarinhada. Leve ao forno preaquecido em temperatura média por 40 minutos. Polvilhe o açúcar de confeiteiro depois de frio.

Rendimento: 12 porções
Tempo de Preparo: 1 hora e 10 minutos

Bolo de Batata-Doce

Ingredientes

5 ovos
2 xícaras (chá) de açúcar
1 xícara (chá) de margarina
3 xícaras (chá) de batata-doce cozida e passada pela peneira
1 xícara (chá) de farinha de trigo
1 xícara (chá) de amido de milho
1 colher (sopa) de fermento em pó
1 vidro de leite de coco (200 ml)
1 xícara (chá) de açúcar de confeiteiro para polvilhar

Modo de Preparo

Na batedeira, bata as gemas com o açúcar e a margarina até formar um creme claro e fofo. Junte a batata-doce e continue batendo. Acrescente os ingredientes secos, alternando com o leite de coco e bata por mais cinco minutos. Bata as claras em neve e incorpore, delicadamente, à massa. Coloque em uma fôrma retangular untada e enfarinhada. Asse em forno preaquecido em temperatura média por 40 minutos. Polvilhe o açúcar de confeiteiro e corte em quadrados.

Rendimento: 12 porções
Tempo de Preparo: 1 hora e 30 minutos

Bolo de Laranja

Ingredientes
Massa
1 laranja-pera com casca
1 xícara (chá) de óleo
4 ovos
1/2 xícara (chá) de açúcar
1 xícara (chá) de farinha de trigo
1/2 xícara (chá) de amido de milho
1 colher (sopa) de fermento em pó

Calda
1 xícara (chá) de açúcar
1 xícara (chá) de suco de laranja

Modo de preparo
Massa
Corte as laranjas em 8 gomos e retire as sementes e a parte branca do centro. Bata-as no liquidificador com o óleo, os ovos e o açúcar. Junte todos os ingredientes secos em uma tigela e adicione a mistura do liquidificador, mexendo bem. Coloque em uma fôrma untada e enfarinhada. Leve ao forno preaquecido em temperatura média por 40 minutos.

Calda
Misture o açúcar com o suco de laranja e leve ao fogo para ferver por 5 minutos. Espalhe ainda quente sobre o bolo.

Rendimento: 12 porções
Tempo de Preparo: 1 hora e 5 minutos

Bolo de Limão

Ingredientes

Massa
3 colheres (sopa) de margarina
2 xícaras (chá) de açúcar
4 ovos
1 e 1/2 xícara (chá) de farinha de trigo
1/2 xícara (chá) de amido de milho
1 colher (sopa) de fermento em pó
1/2 xícara (chá) de suco de limão

Cobertura
2 xícaras (chá) de açúcar de confeiteiro
4 colheres (sopa) de suco de limão
2 colheres (sopa) de água quente
raspas de limão para decorar

Modo de Preparo

Massa
Bata na batedeira a margarina, o açúcar e as gemas até formar um creme claro. Junte a farinha de trigo, o amido de milho e o fermento peneirados. Adicione o suco de limão e misture. Bata as claras em neve e incorpore, delicadamente, à massa. Coloque em uma fôrma untada e enfarinhada. Leve ao forno preaquecido em temperatura média por 40 minutos.

Cobertura
Misture bem o açúcar de confeiteiro, o suco de limão e a água quente. Espalhe sobre o bolo ainda morno e decore com as raspas de limão.

Rendimento: 12 porções
Tempo de Preparo: 1 hora e 5 minutos

Bolo Europeu

Ingredientes
Massa
4 ovos / 1 xícara (chá) de açúcar mascavo / 1 xícara (chá) de glicose de milho / 5 colheres (sopa) de óleo / 2 xícaras (chá) de farinha de trigo / 1 xícara (chá) de amido de milho / 1 colher (sopa) de fermento em pó / 1 colher (chá) de bicarbonato de sódio / 1/2 colher (café) de cravo-da-índia / 1/2 colher (café) de noz-moscada / 1 colher (chá) de canela em pó / 1 pitada de sal / 1/2 xícara (chá) de cerveja preta / 200 g de chocolate amargo picado

Cobertura
6 colheres (sopa) de açúcar / 2 colheres (sopa) de chocolate em pó / 1 colher (sopa) de manteiga / 2 colheres (sopa) de água

Modo de Preparo
Massa
Bata na batedeira as gemas com o açúcar mascavo, a glicose de milho e o óleo até formar um creme. Junte os ingredientes secos peneirados ao creme de gemas, alternando com a cerveja preta. Derreta o chocolate e junte à massa. Bata as claras em neve e incorpore, delicadamente, à massa. Passe para uma fôrma untada e enfarinhada. Leve ao forno preaquecido em temperatura média por 40 minutos.

Cobertura
Misture, em uma panela, o açúcar, o chocolate, a manteiga e a água. Leve ao fogo até ferver. Cubra o bolo com essa cobertura.

Rendimento: 12 porções
Tempo de Preparo: 1 hora e 10 minutos

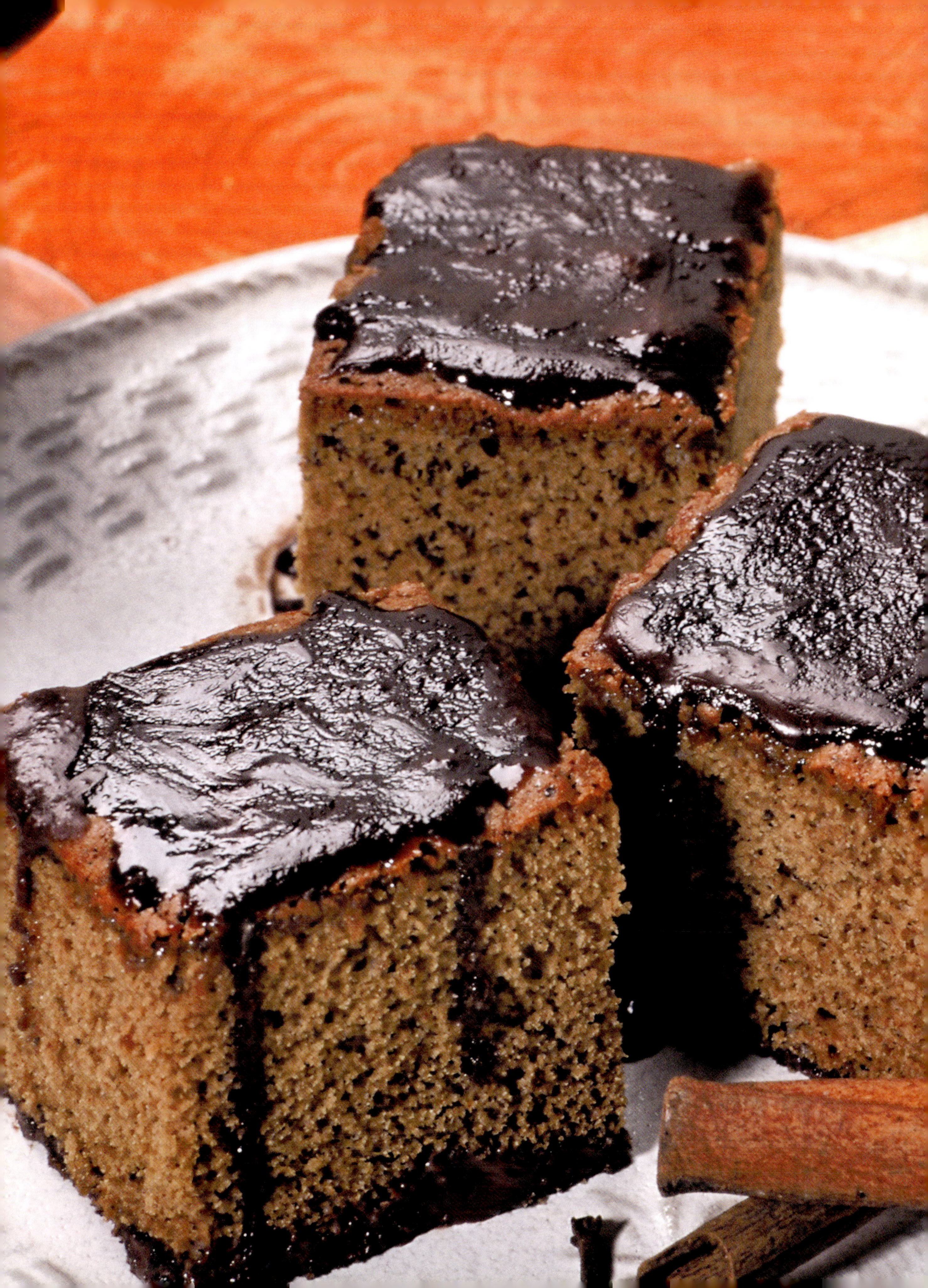

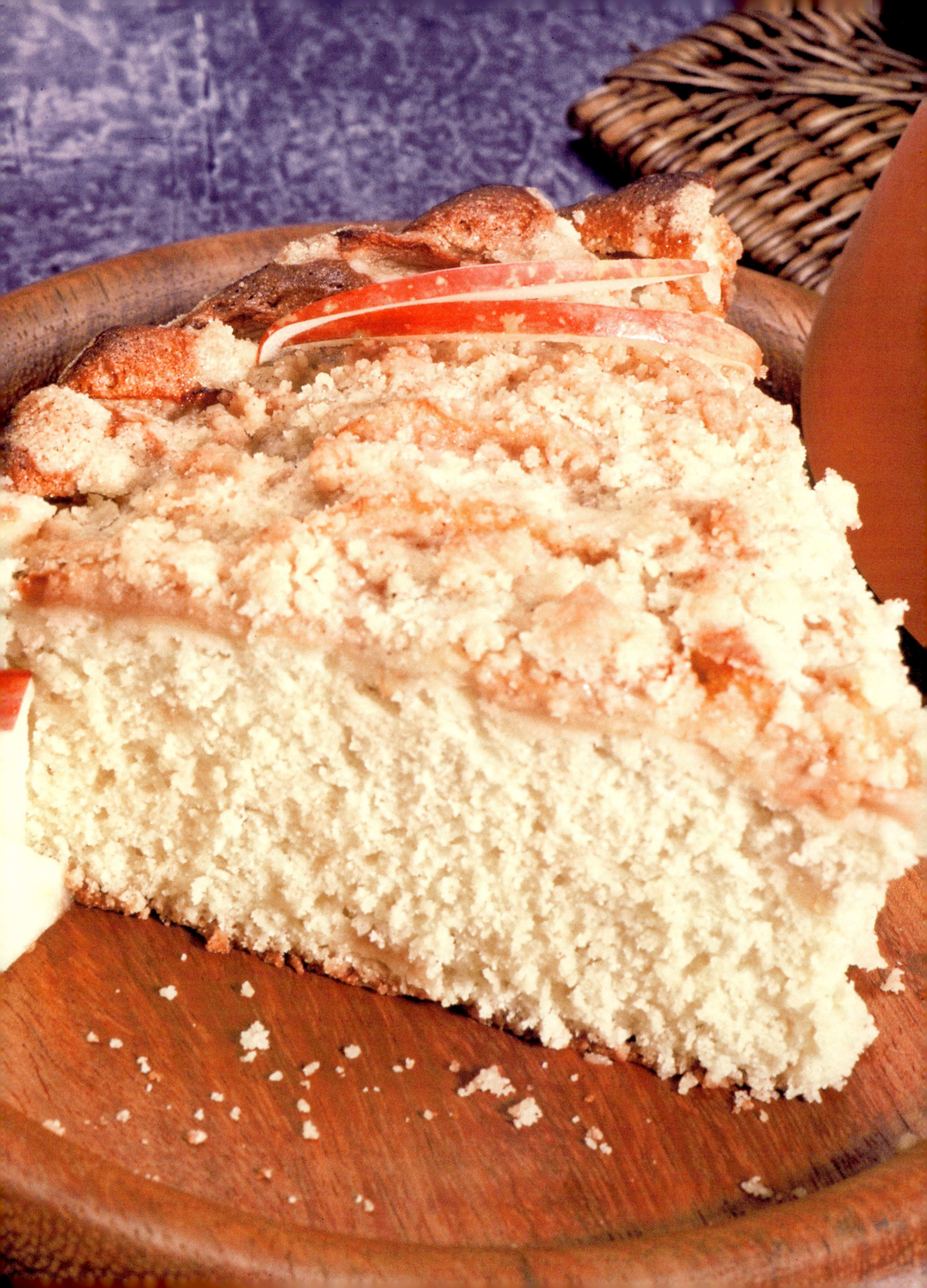

Cuca de Maçã

Ingredientes
Massa 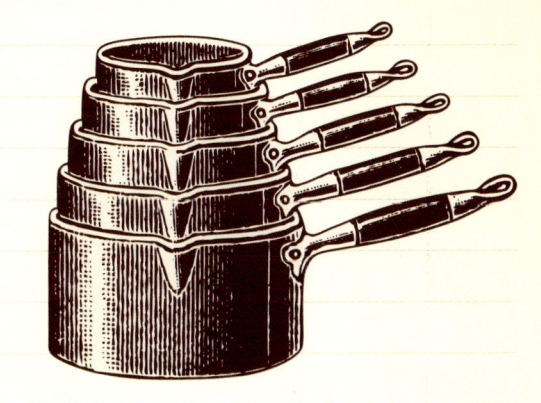
4 ovos
2 xícaras (chá) de açúcar
4 colheres (sopa) de margarina
2 xícaras (chá) de farinha de trigo
1 xícara (chá) de amido de milho
1 colher (sopa) de fermento em pó
1 xícara (chá) de leite
1/2 xícara (chá) de conhaque
3 maçãs descascadas e cortadas em fatias finas

Farofa
4 colheres (sopa) de manteiga
6 colheres (sopa) de farinha de trigo
3 colheres (sopa) de amido de milho
1 xícara (chá) de açúcar
1 colher (chá) de canela em pó

Modo de Preparo
Bata na batedeira as gemas, o açúcar e a margarina até formar um creme claro e fofo. Peneire a farinha, o amido de milho e o fermento. Alterne os secos com o leite. Junte o conhaque e reserve. Bata as claras em neve e incorpore-as, delicadamente, à massa. Coloque em uma fôrma untada e enfarinhada. Disponha as fatias de maçã e reserve.

Farofa
Misture, em uma tigela, a manteiga, a farinha de trigo, o amido de milho, o açúcar e a canela. Coloque sobre as fatias de maçã e leve ao forno preaquecido em temperatura média por 40 minutos.

Rendimento: 12 porções
Tempo de Preparo: 1 hora e 10 minutos

Bolo de Fubá com Goiabada

Ingredientes
3 ovos
1 xícara (chá) de leite
2/3 de xícara (chá) de óleo
1 e 1/2 xícara (chá) de açúcar
1 e 1/2 xícara (chá) de fubá
1 xícara (chá) de farinha de trigo
1 colher (sopa) de fermento em pó
1 colher (sopa) de sementes de erva-doce
1 xícara (chá) de goiabada cascão picada

Modo de Preparo
Bata no liquidificador os ovos, o leite, o óleo e o açúcar. Passe para uma tigela e misture o fubá, a farinha de trigo, o fermento e a erva-doce, formando uma massa homogênea. Coloque essa massa em uma fôrma de furo central untada e polvilhada com fubá e distribua os pedaços de goiabada. Leve ao forno preaquecido em temperatura média por 40 minutos.

Rendimento: 12 porções
Tempo de Preparo: 1 hora

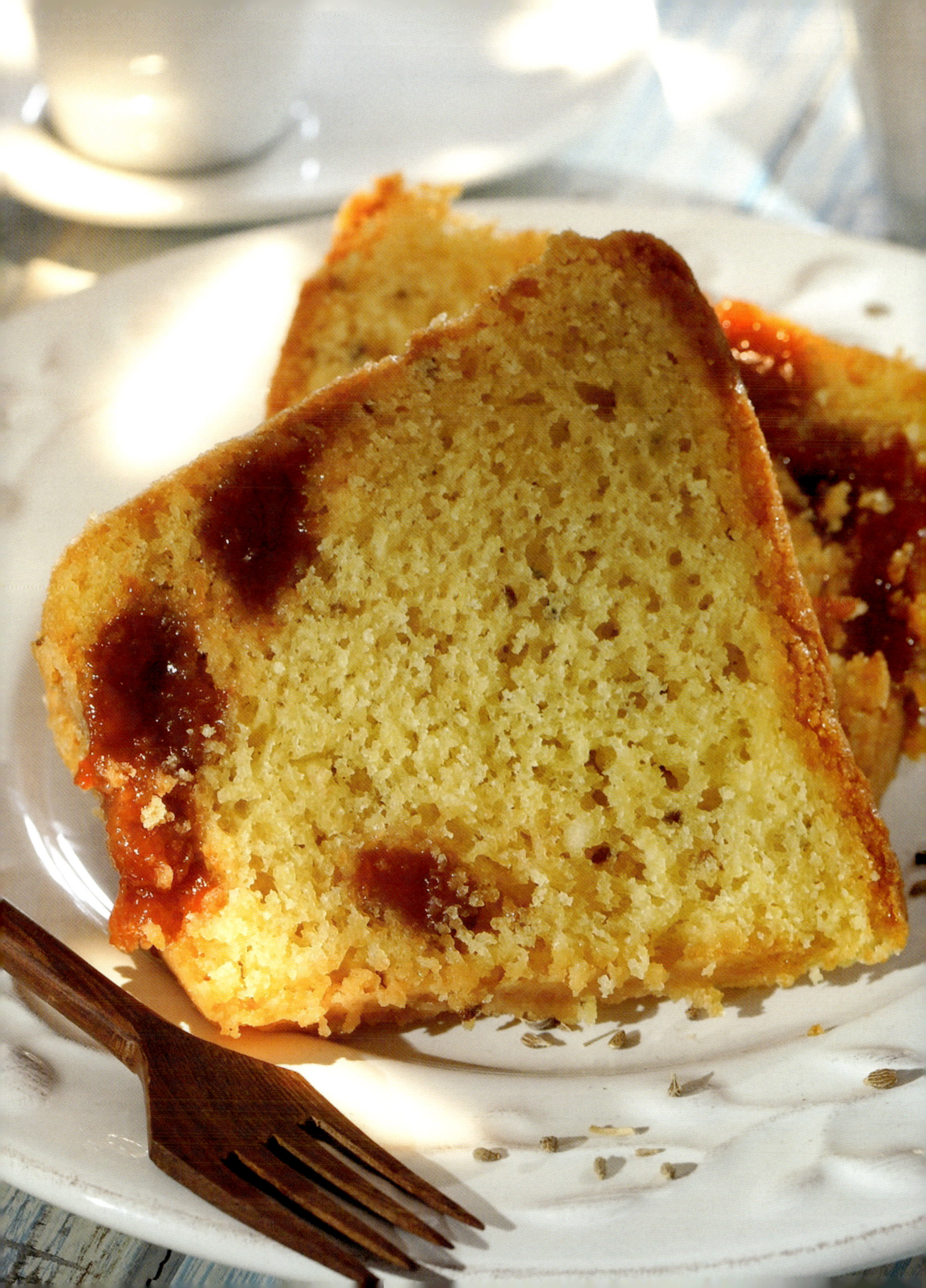

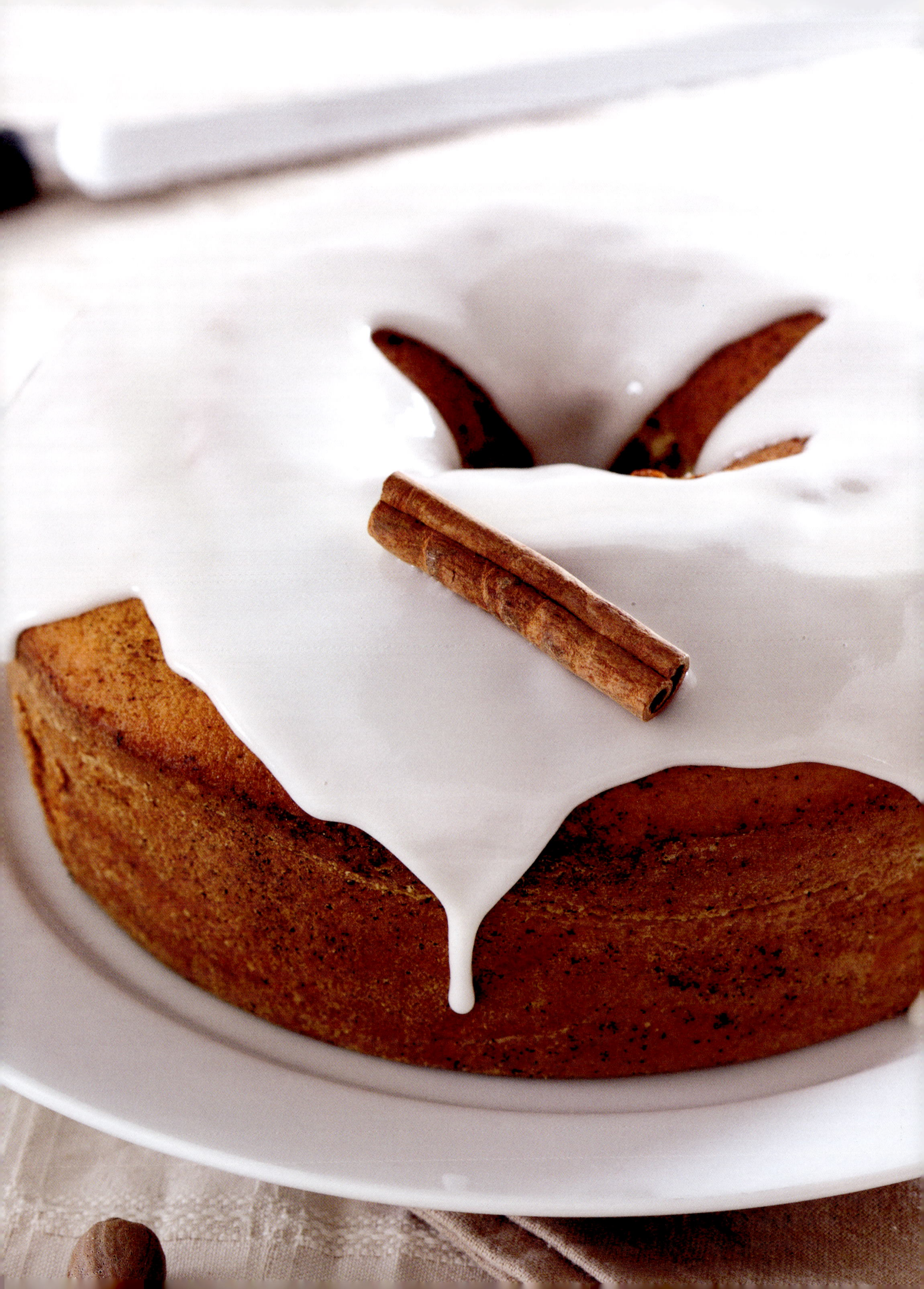

Bolo Fofo com Especiarias

Ingredientes

Massa

1/2 xícara (chá) de margarina
1 xícara (chá) de açúcar
1 ovo
1 copo de iogurte natural (200 g)
1 colher (chá) de essência de baunilha
1 e 1/2 xícara (chá) de farinha de trigo
1 colher (chá) de canela em pó
1 pitada de noz-moscada
1 colher (chá) de bicarbonato de sódio
1 colher (chá) de fermento em pó
1/2 xícara (chá) de castanha-do-Pará picada

Cobertura

2 xícaras (chá) de açúcar de confeiteiro
3 colheres (sopa) de leite

Modo de Preparo

Massa

Bata a margarina com o açúcar e o ovo até obter um creme. Junte o iogurte e a baunilha e misture bem. Acrescente a farinha misturada com a canela, a noz-moscada, o bicarbonato e o fermento. Junte a castanha e misture. Coloque em uma fôrma de furo central untada e enfarinhada. Leve ao forno preaquecido em temperatura média por cerca de 40 minutos. Deixe esfriar e desenforme.

Cobertura

Misture bem o açúcar com o leite até ficar homogêneo e espalhe sobre o bolo.

Rendimento: 12 porções
Tempo de Preparo: 1 hora e 10 minutos

Bolo de Maracujá

Ingredientes
1/2 xícara (chá) de margarina
2 xícaras (chá) de açúcar
5 ovos
2 xícaras (chá) de farinha de trigo
1 colher (sopa) de fermento em pó
1 xícara (chá) de suco de maracujá concentrado

Calda
1 xícara (chá) de polpa de maracujá (com as sementes)
1 xícara (chá) de açúcar

Modo de Preparo
Bata bem a margarina com o açúcar. Junte as gemas, batendo até obter um creme claro. Acrescente a farinha, o fermento e o suco de maracujá. Bata as claras em neve e junte, delicadamente, à massa. Coloque em uma fôrma de furo central untada e enfarinhada. Leve ao forno médio preaquecido por cerca de 45 minutos. Deixe amornar e desenforme.

Calda
Leve ao fogo a polpa de maracujá com o açúcar e ferva por cerca de 10 minutos. Espalhe ainda quente sobre o bolo desenformado.

Rendimento: 12 porções
Tempo de Preparo: 1 hora

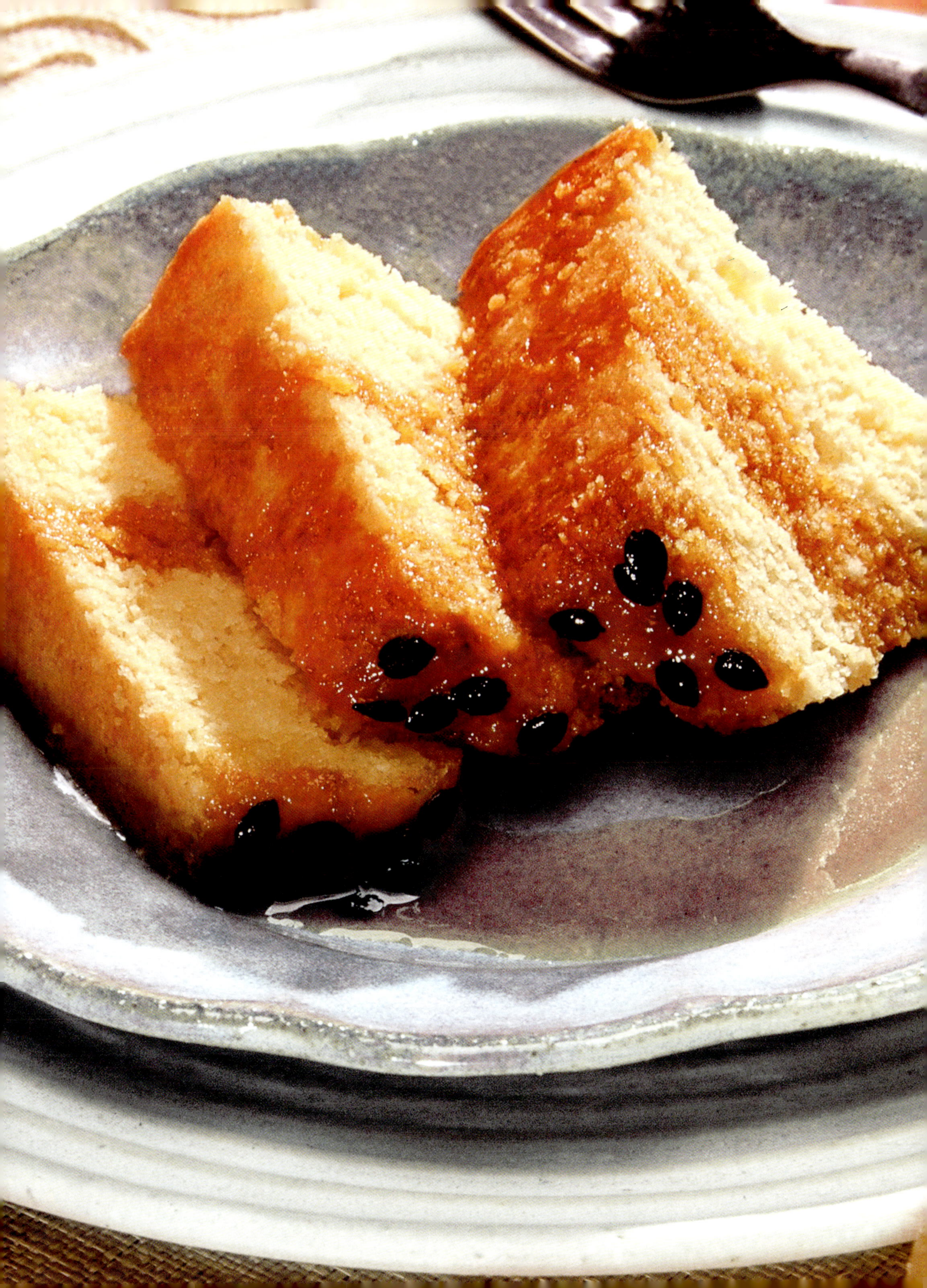

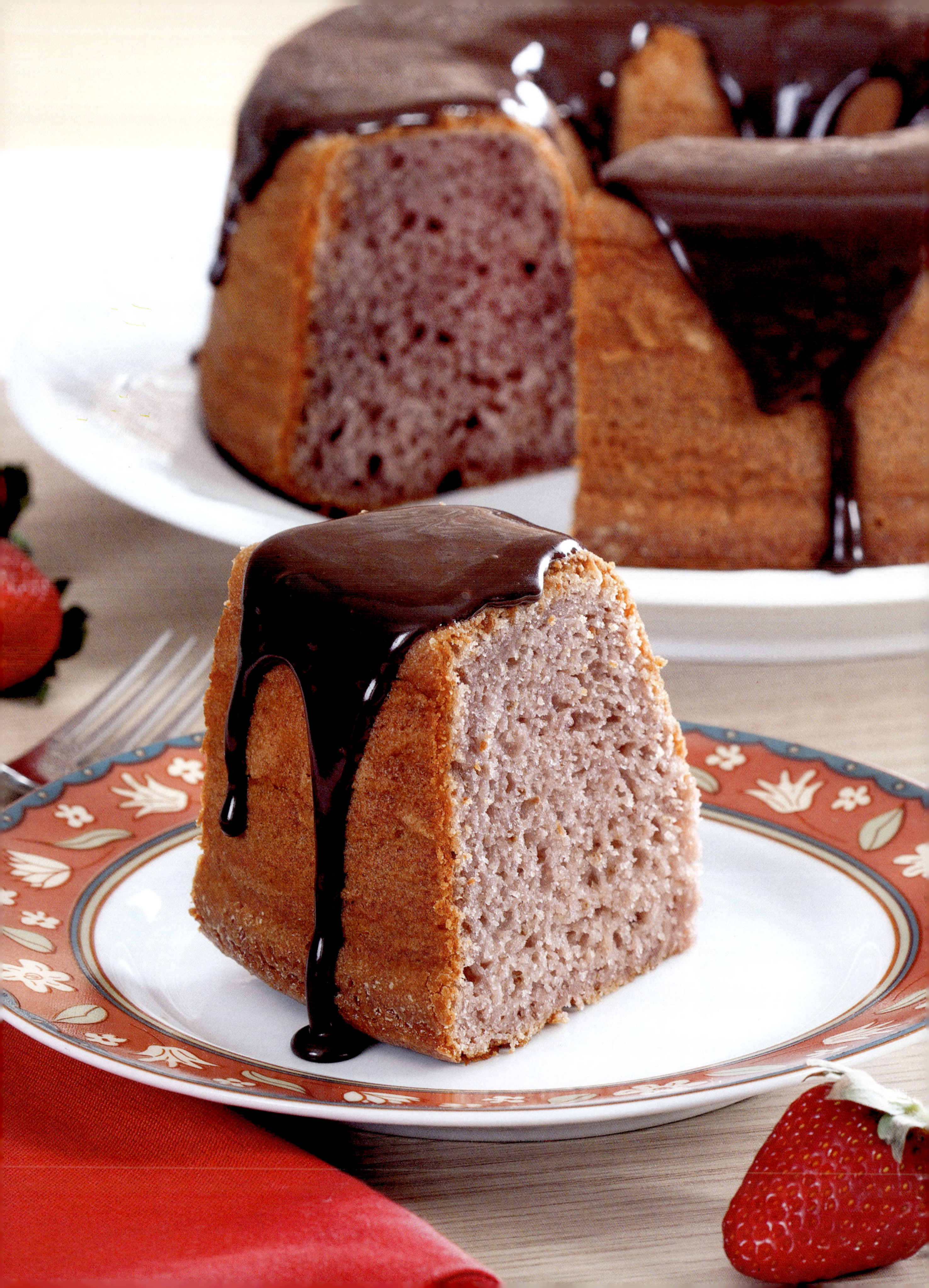

Bolo de Morango

Ingredientes
2 xícaras (chá) de morangos
1/2 xícara (chá) de óleo
4 ovos
2 xícaras (chá) de açúcar
2 e 1/2 xícaras (chá) de farinha de trigo
1 colher (sopa) de fermento em pó

Cobertura
1 xícara (chá) de creme de leite fresco
2 e 1/2 xícaras (chá) de leite
1 xícara (chá) de açúcar
3 colheres (sopa) de cacau em pó

Modo de Preparo
No liquidificador, bata os morangos, o óleo e os ovos. Passe para uma tigela e misture o açúcar, a farinha de trigo e o fermento. Coloque em uma assadeira untada e enfarinhada e leve ao forno preaquecido em temperatura média por 40 minutos. Espere amornar.

Cobertura
Em uma panela, coloque o creme de leite, o leite, o açúcar e o cacau. Leve ao fogo, mexendo de vez em quando, até reduzir e engrossar. Espalhe sobre o bolo.

Rendimento: 12 porções
Tempo de Preparo: 1 hora e 15 minutos

Fofura de Castanha-do-Pará

Ingredientes
5 ovos
1 xícara (chá) de açúcar
4 colheres (sopa) de farinha de rosca
200 g de castanha-do-Pará moída
açúcar de confeiteiro para polvilhar

Modo de Preparo
Em uma batedeira, bata as claras em neve, junte as gemas uma a uma e acrescente o açúcar. Junte a farinha de rosca, a castanha e misture delicadamente. Espalhe em uma assadeira pequena untada e enfarinhada. Leve ao forno preaquecido em temperatura média por 40 minutos. Deixe esfriar bem e corte em quadrados. Polvilhe o açúcar de confeiteiro.

Rendimento: 12 porções
Tempo de Preparo: 1 hora e 10 minutos

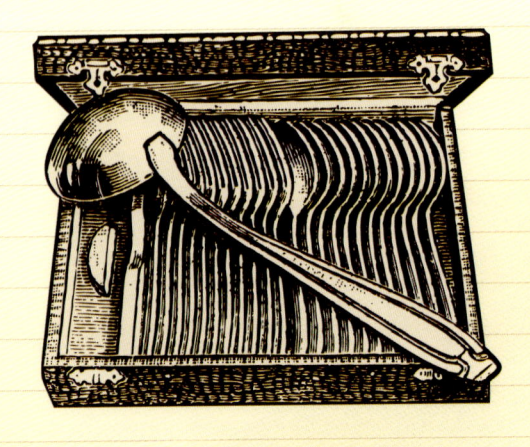

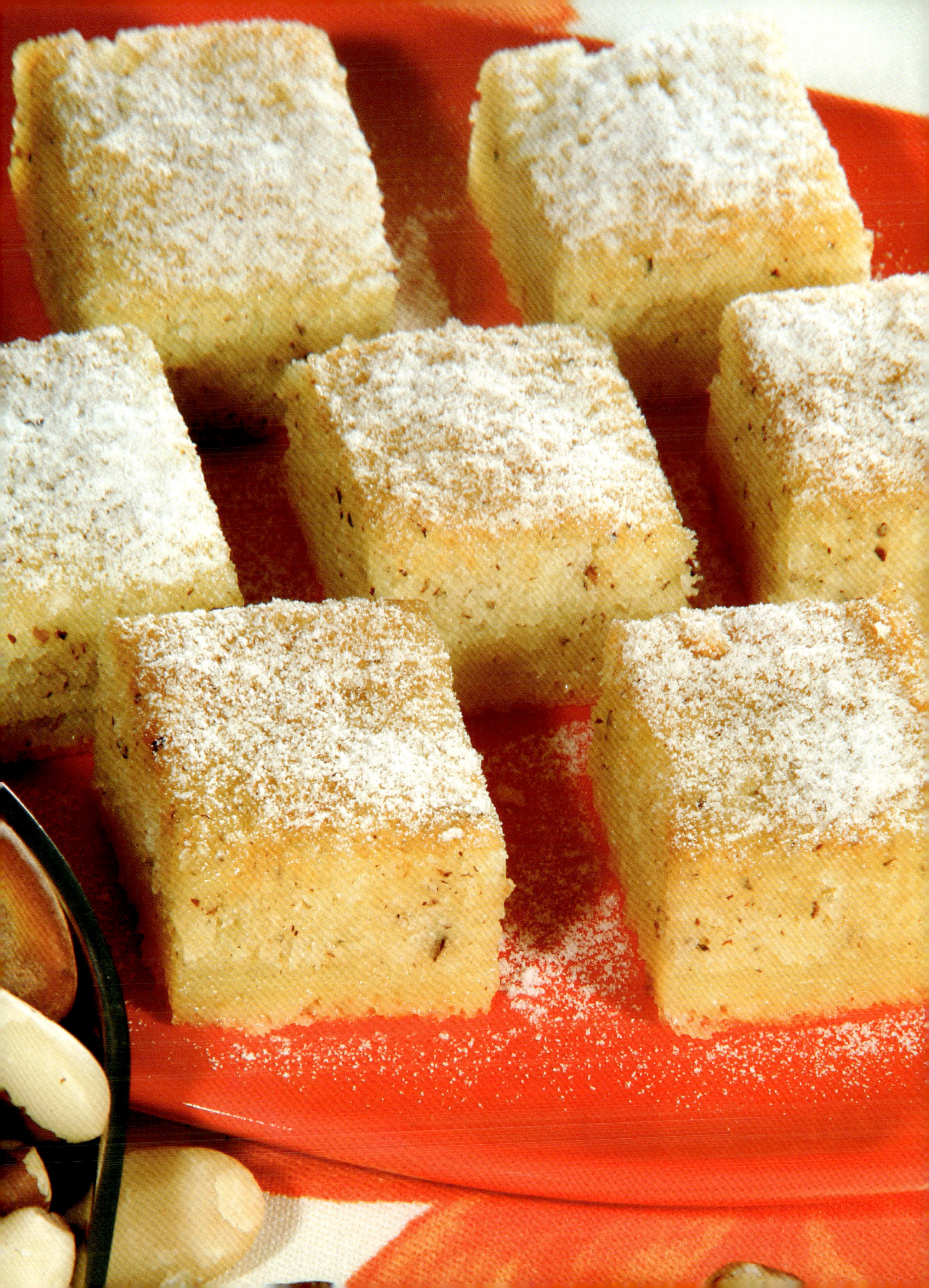

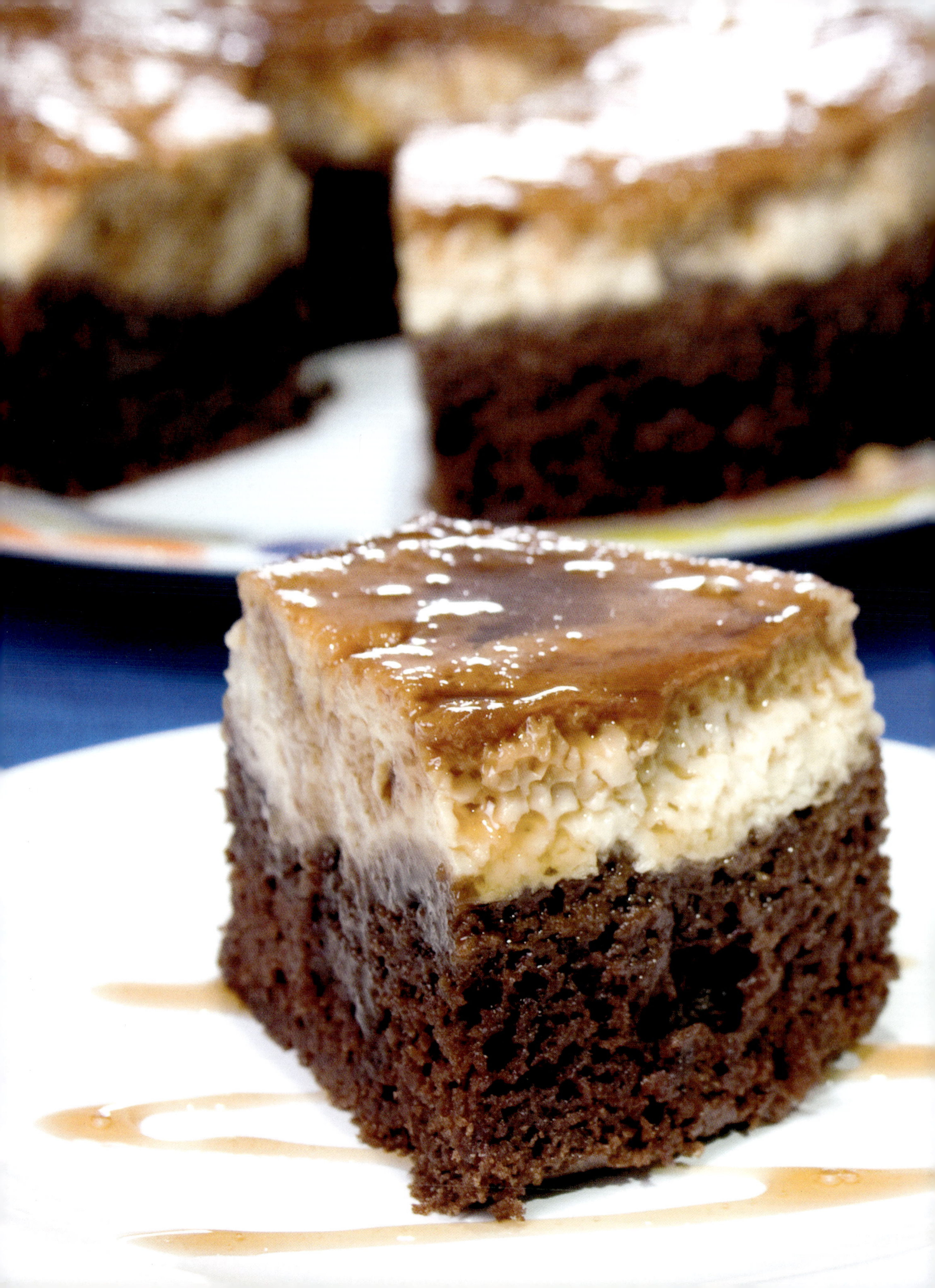

Bolo Pudim

Ingredientes

Bolo
3/4 de tablete de manteiga em temperatura ambiente (150 g) / 1 xícara (chá) de açúcar / 3 ovos / 1/2 xícara (chá) de achocolatado em pó / 1/2 xícara (chá) de leite / 1 e 1/2 xícara (chá) de farinha de trigo / 1 colher (sopa) de fermento em pó

Pudim
1 lata de leite condensado / 4 ovos / 500 ml de leite / 1 colher (chá) de essência de baunilha / 1 xícara (chá) de açúcar

Modo de Preparo

Bolo
Na batedeira, bata a manteiga, o açúcar e os ovos até formar um creme claro. Pare de bater e misture o achocolatado, o leite, a farinha de trigo e o fermento. Reserve.

Pudim
Bata no liquidificador o leite condensado, os ovos, o leite e a essência de baunilha. Reserve.

Montagem
Em uma fôrma redonda grande, de furo central, coloque o açúcar e leve ao fogo para caramelizar. Vire a fôrma para que a calda espalhe por toda a lateral. Despeje a massa do bolo e, por cima, o pudim, com cuidado. Leve ao forno preaquecido em temperatura média, no banho-maria, por 1 hora. Retire do forno, deixe esfriar e desenforme. Sirva em temperatura ambiente ou gelado.

Rendimento: 10 porções
Tempo de Preparo: 1 hora e 35 minutos

Bolo Bom Dia

Ingredientes
1 xícara (chá) de margarina
1 xícara (chá) de glicose de milho
1/2 xícara (chá) de açúcar
3 ovos
1/2 xícara (chá) de leite
3/4 de xícara (chá) de amido de milho
4 colheres (chá) de fermento em pó
2 xícaras (chá) de granola
300 g de amêndoas sem pele picadas
açúcar de confeiteiro para polvilhar

Modo de Preparo
Bata a margarina com a glicose de milho até ficar cremoso. Junte o açúcar, os ovos, o leite, o amido de milho, o fermento, a granola e as amêndoas. Coloque em uma fôrma de furo central untada e enfarinhada e leve ao forno preaquecido em temperatura média por 40 minutos. Espere amornar e desenforme.

Rendimento: 12 porções
Tempo de Preparo: 1 hora

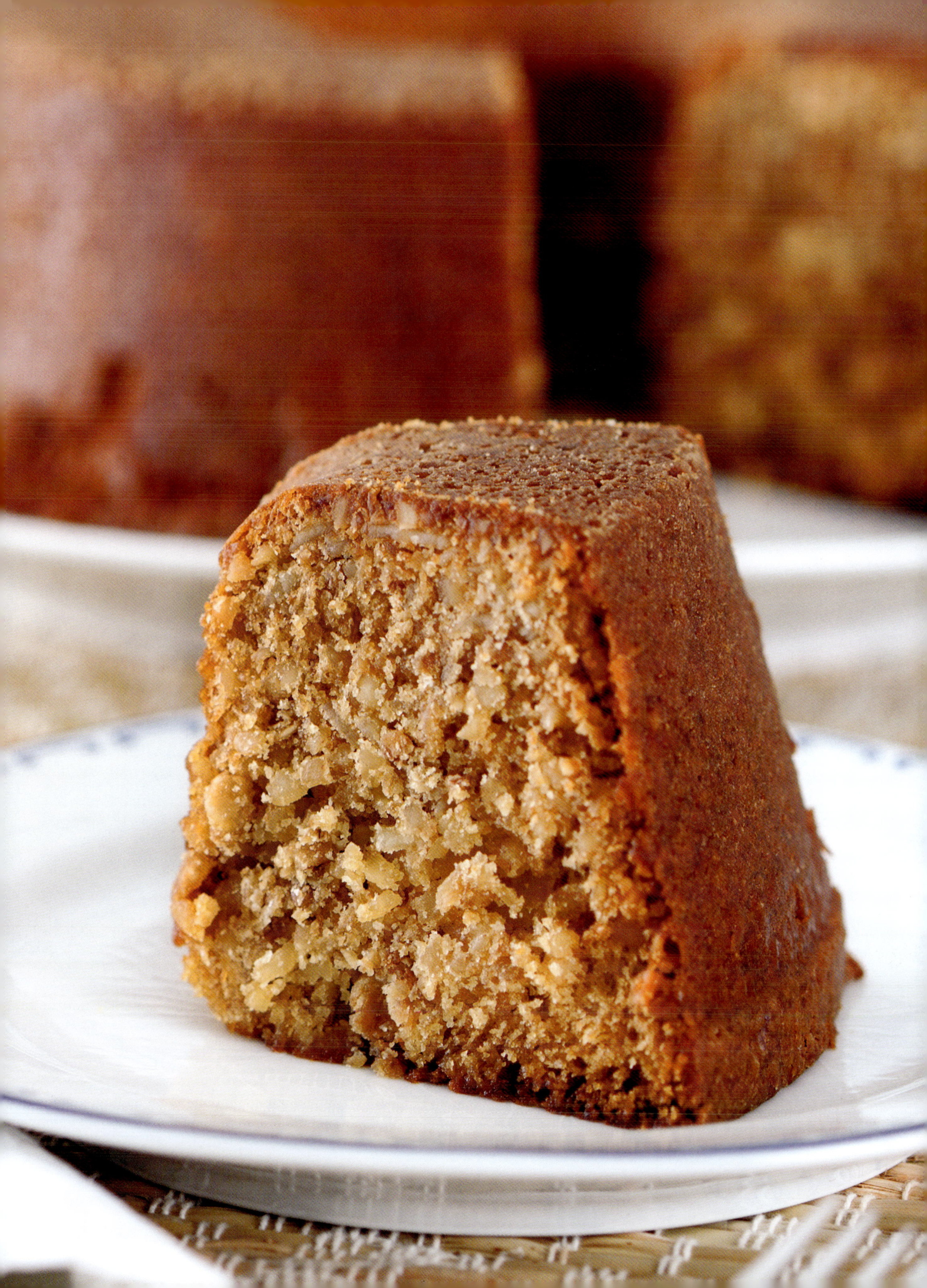

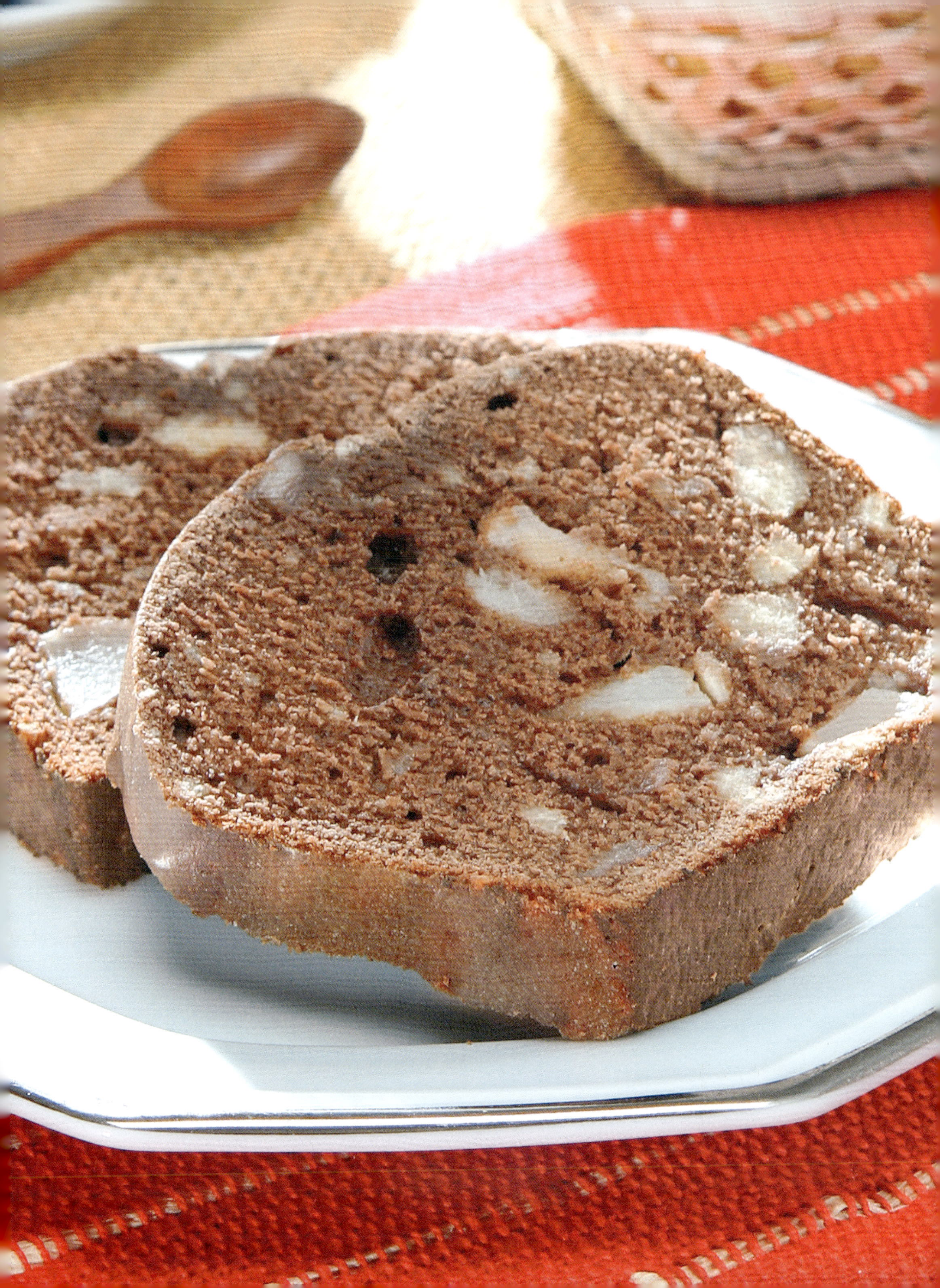

Bolo de Chocolate e Pera

Ingredientes
Pera
2 peras / 1/2 xícara (chá) de água / 1 colher (sopa) de açúcar / 1 colher (sopa) de margarina / 1/2 xícara (chá) de farinha de rosca

Massa
2 ovos / 1 e 1/2 xícara (chá) de açúcar / 1/2 xícara (chá) de chocolate em pó / 3/4 de xícara (chá) de leite / 1/4 de xícara (chá) de óleo / 1 colher (chá) de essência de rum / 1/2 xícara (chá) de farinha de trigo / 1/2 colher (sopa) de fermento em pó / farinha de rosca para polvilhar

Modo de Preparo
Pera
Descasque as peras, retire os caroços e corte-as em cubos médios. Em uma panela, junte a água, o açúcar e leve ao fogo alto, até ferver. Junte as peras e a margarina. Ferva até as peras ficarem cozidas "al dente". Retire do fogo e acrescente a farinha de rosca, misturando bem até obter uma farofa úmida. Reserve.

Massa
Em uma batedeira, coloque as gemas, o açúcar, o chocolate, o leite, o óleo, a essência de rum e a farinha de trigo. Bata bem até a mistura ficar homogênea. Retire da batedeira e acrescente a farofa de peras e o fermento. Bata as claras em neve e incorpore, delicadamente, à massa. Despeje a massa em uma fôrma para bolo inglês untada e polvilhada com farinha de rosca. Leve ao forno preaquecido em temperatura média por cerca de 40 minutos.

Rendimento: 8 porções
Tempo de Preparo: 1 hora e 10 minutos

Bolo Rápido

Ingredientes

Massa
3 ovos
1 xícara (chá) de leite
3 colheres (sopa) de margarina com sal
2 xícaras (chá) de açúcar
2 xícaras (chá) de farinha de trigo
1 colher (sopa) de fermento em pó
1 banana-nanica cortada em rodelas
1 maçã pequena cortada em cubos

Cobertura
1 vidro de leite de coco
1 xícara (chá) de açúcar

Modo de Preparo

Massa
Bata no liquidificador os ovos, o leite, a margarina e o açúcar. Passe para uma tigela e misture a farinha de trigo, o fermento, a banana e a maçã. Coloque em uma fôrma retangular pequena untada e enfarinhada e leve ao forno preaquecido em temperatura média por 40 minutos. Retire do forno e faça furos no bolo com um garfo para penetrar a cobertura.

Cobertura
Em uma tigela, misture o leite de coco e o açúcar. Despeje essa mistura sobre o bolo ainda quente e deixe esfriar.

Rendimento: 8 porções
Tempo de Preparo: 1 hora

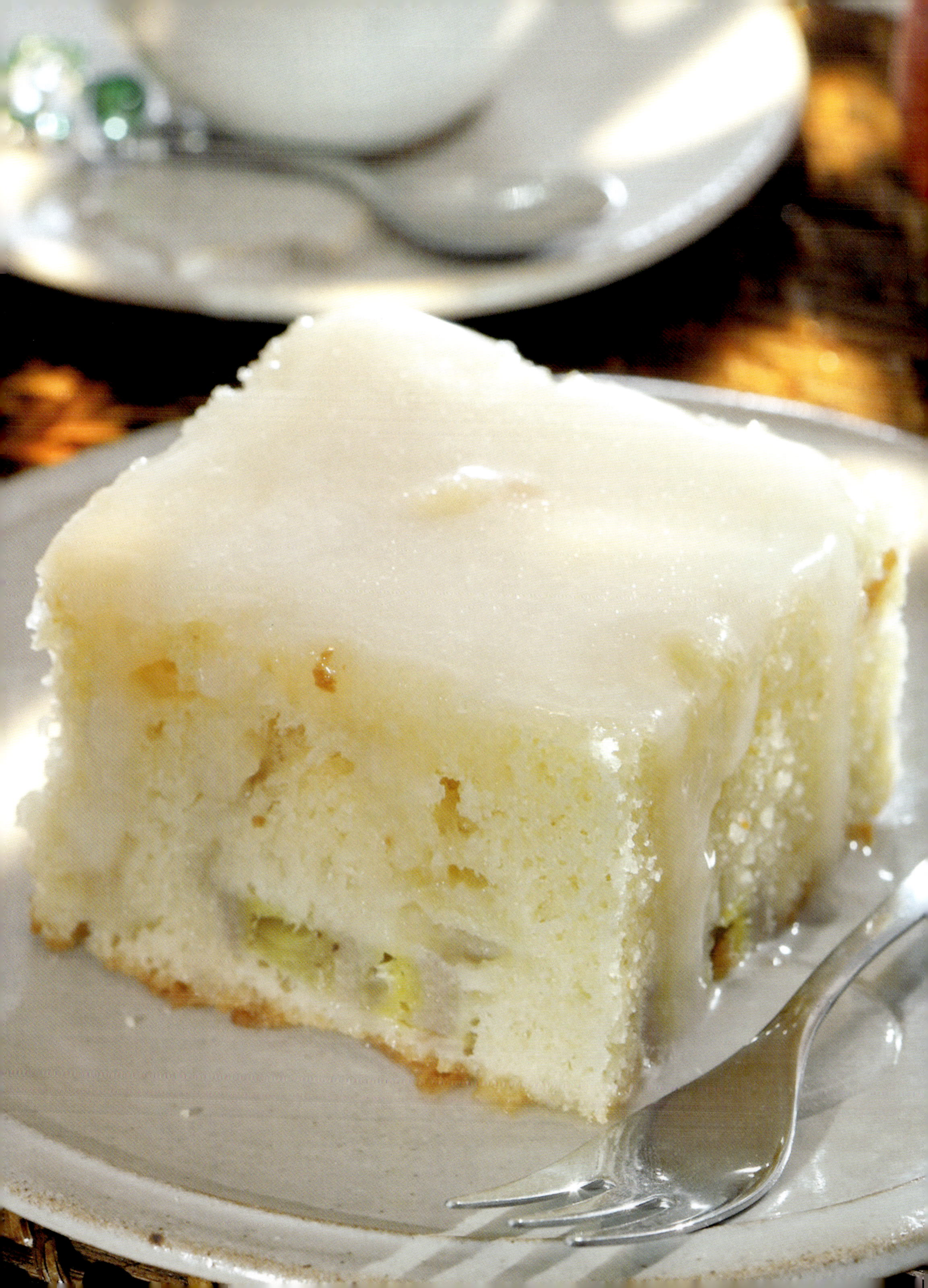

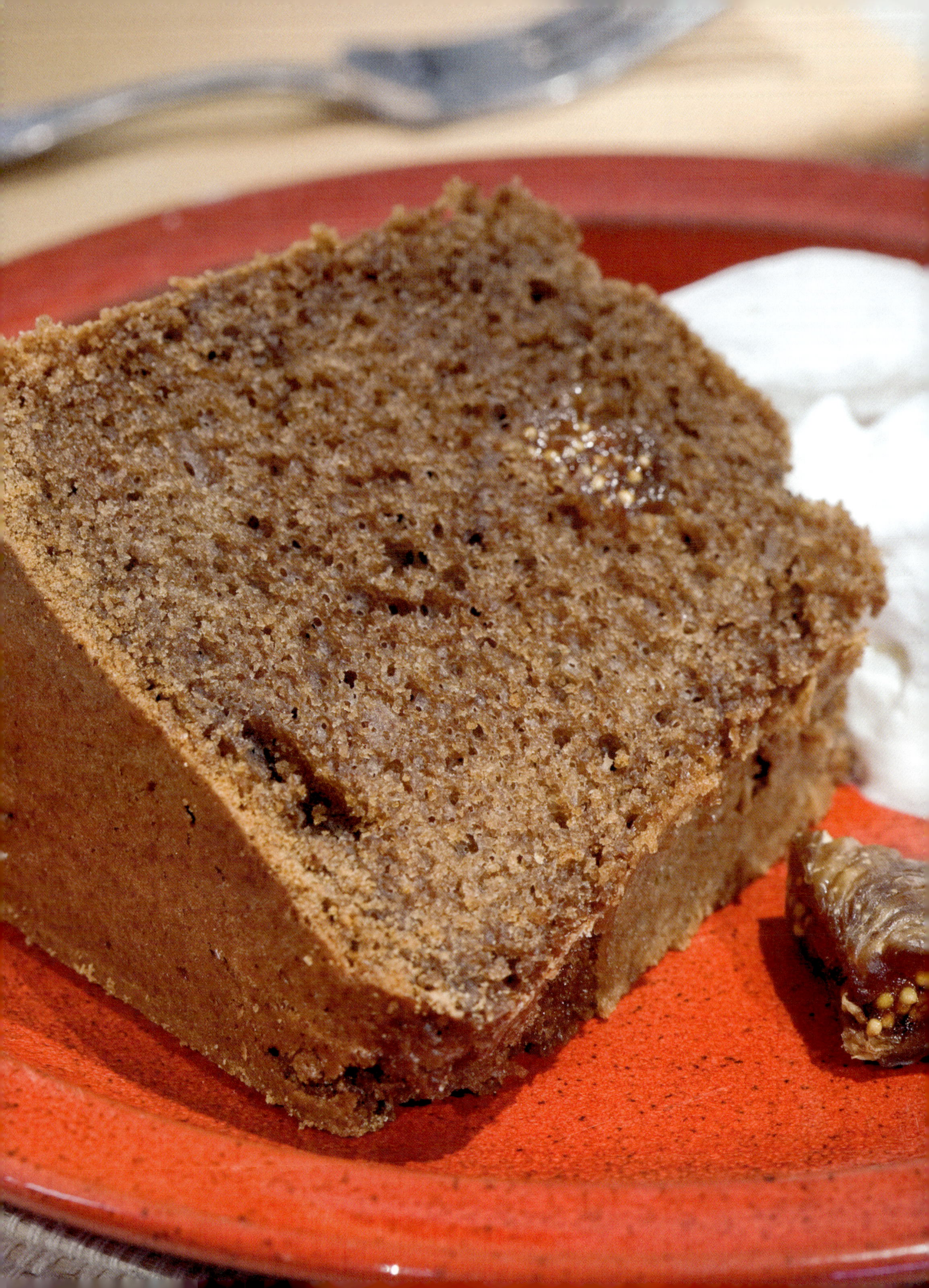

Bolo de Gengibre

Ingredientes
1 tablete de manteiga em temperatura ambiente (200 g)
1 xícara (chá) de açúcar mascavo
4 ovos
3 colheres (sopa) de gengibre fresco bem picado
1 e 1/2 xícara (chá) de melado de cana
3 colheres (sopa) de cacau em pó
1/2 xícara (chá) de café
1 pitada de sal
1/2 xícara (chá) de figo seco picado
2 xícaras (chá) de farinha de trigo
1 colher (sopa) de fermento em pó
chantilly para acompanhar

Modo de Preparo
Bata, na batedeira, a manteiga com o açúcar mascavo até ficar cremoso. Junte os ovos, o gengibre e bata mais um pouco. Adicione o melado, o cacau, o café, o sal, o figo, a farinha de trigo e o fermento, batendo bem a cada adição. Transfira para uma fôrma redonda de furo central untada e enfarinhada e leve ao forno preaquecido em temperatura média por 40 minutos. Espere esfriar e desenforme. Sirva as fatias acompanhadas de chantilly.

Rendimento: 12 porções
Tempo de Preparo: 1 hora

Bolo de Milho

Ingredientes
2 espigas de milho
3 ovos
1 lata de leite condensado
1 pacote de coco ralado (100 g)
1 colher (sopa) de manteiga
1 colher (sopa) de fermento em pó

Modo de Preparo
Corte os grãos de milho das espigas. Coloque no liquidificador os grãos de milho, os ovos, o leite condensado, o coco ralado, a manteiga e o fermento. Bata bem até ficar homogêneo. Passe para uma assadeira untada e enfarinhada e leve ao forno preaquecido em temperatura média por 40 minutos. Deixe amornar e corte em pedaços.

Rendimento: 10 porções
Tempo de Preparo: 1 hora

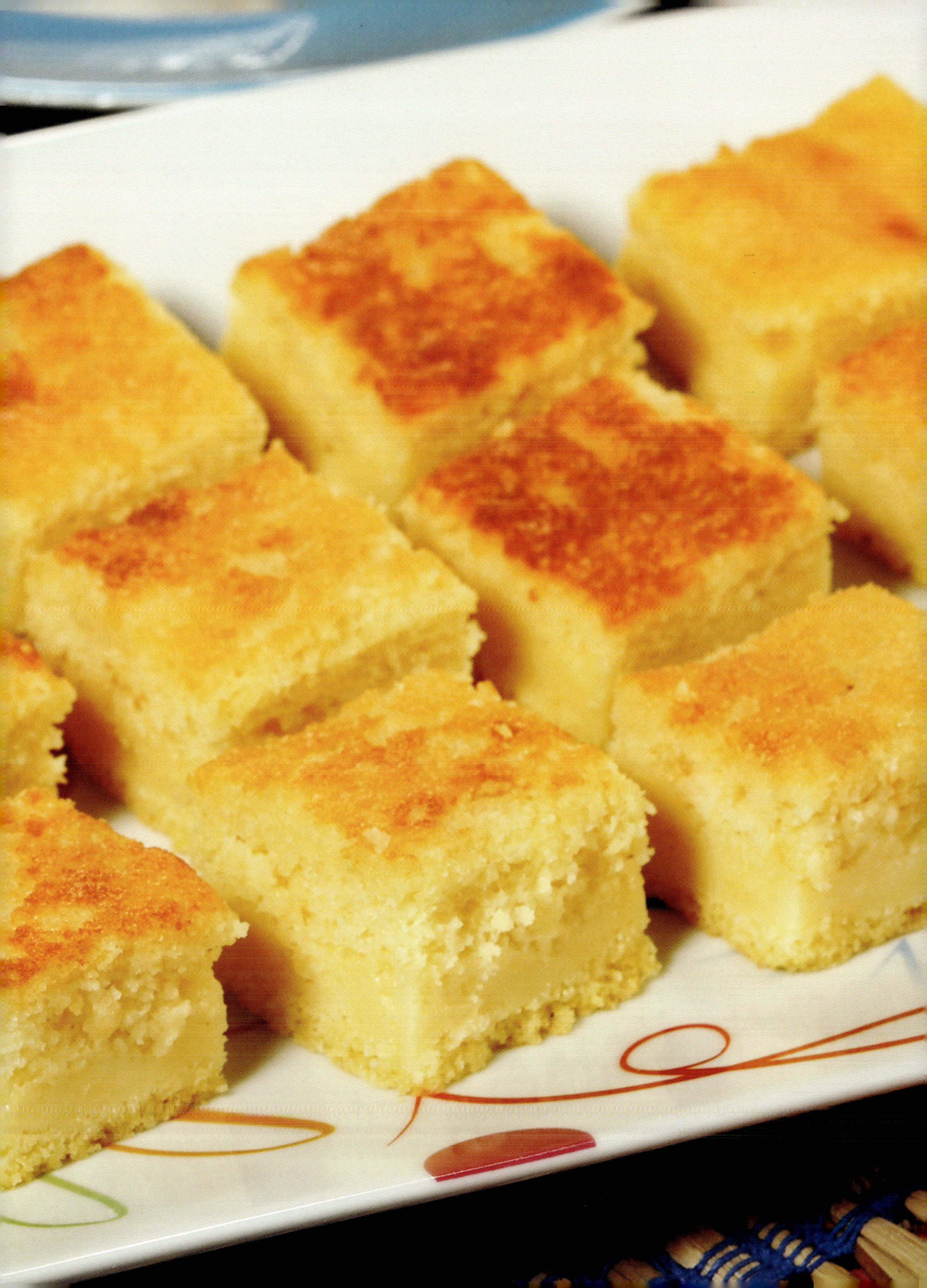

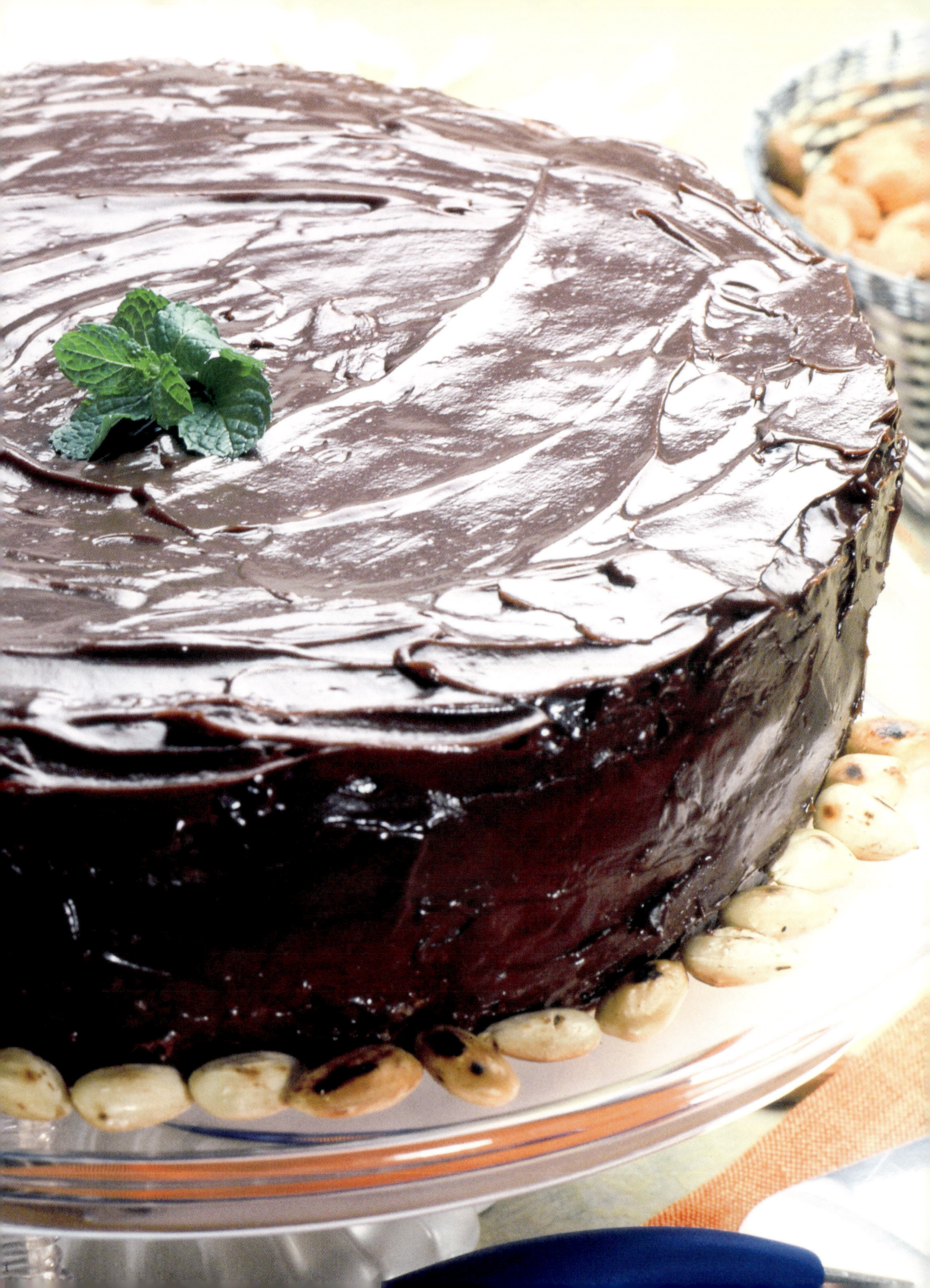

Bolo de Chocolate e Amêndoas

Ingredientes
3/4 de tablete de manteiga (150 g)
1 tablete de chocolate ao leite (180 g)
2 xícaras (chá) de açúcar mascavo
1 xícara (chá) de leite
1 e 1/2 xícara (chá) de farinha de trigo
1 colher (sopa) de fermento em pó
1 pitada de sal
4 ovos
1 colher (chá) de essência de baunilha
1 xícara (chá) de amêndoas picadas

Cobertura
2 tabletes de chocolate meio amargo (360 g)
3/4 de xícara (chá) de creme de leite sem soro
2 colheres (sopa) de suco de limão

Modo de Preparo
Em uma tigela, coloque a manteiga e o chocolate picado. Leve ao banho-maria até derreter e ficar homogêneo. Adicione o açúcar e retire do banho-maria. Junte o leite, a farinha de trigo, o fermento, o sal, os ovos, a baunilha e as amêndoas. Passe para uma fôrma untada e enfarinhada e leve ao forno preaquecido em temperatura média por 40 minutos. Deixe amornar e desenforme.

Cobertura
Derreta o chocolate com o creme de leite em banho-maria até ficar homogêneo. Adicione o suco de limão e misture bem. Cubra o bolo com essa cobertura.

Rendimento: 10 porções
Tempo de Preparo: 1 hora

Bolo de Abacaxi e Coco

Ingredientes
Massa
1 e 1/2 xícara (chá) de açúcar
1 tablete de manteiga em temperatura ambiente (200 g)
5 ovos
2 e 1/2 xícaras (chá) de farinha de trigo
1 colher (sopa) de fermento em pó
1 xícara (chá) de leite

Cobertura
1/2 lata de leite condensado
3/4 de xícara (chá) de leite
1 colher (sopa) de amido de milho
1 gema peneirada
1 xícara (chá) de abacaxi em calda escorrido e picado
1/2 xícara (chá) de coco fresco ralado

Modo de Preparo
Na batedeira, bata o açúcar com a manteiga e as gemas até formar um creme claro. Junte a farinha de trigo e o fermento, alternando com o leite. Bata as claras em neve e incorpore, delicadamente, à massa. Passe para uma fôrma redonda untada e enfarinhada e leve ao forno preaquecido em temperatura média por 40 minutos. Espere amornar e desenforme.

Cobertura
Em uma panela, coloque o leite condensado, o leite, o amido de milho, a gema e leve ao fogo, mexendo sempre, até ferver e engrossar. Espalhe a cobertura e os pedaços de abacaxi sobre o bolo. Polvilhe o coco ralado.

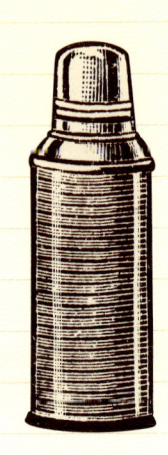

Rendimento: 12 porções
Tempo de Preparo: 1 hora

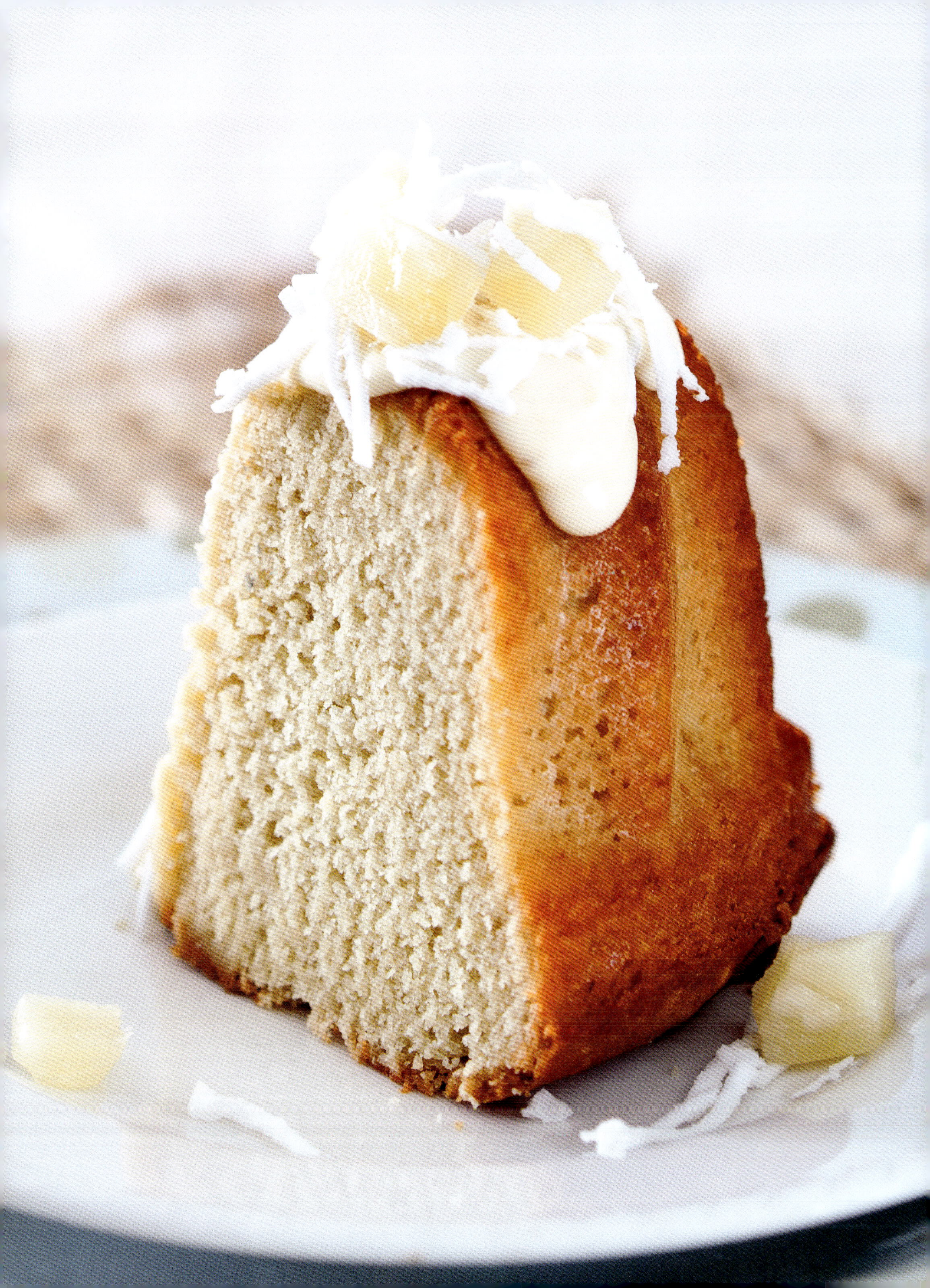

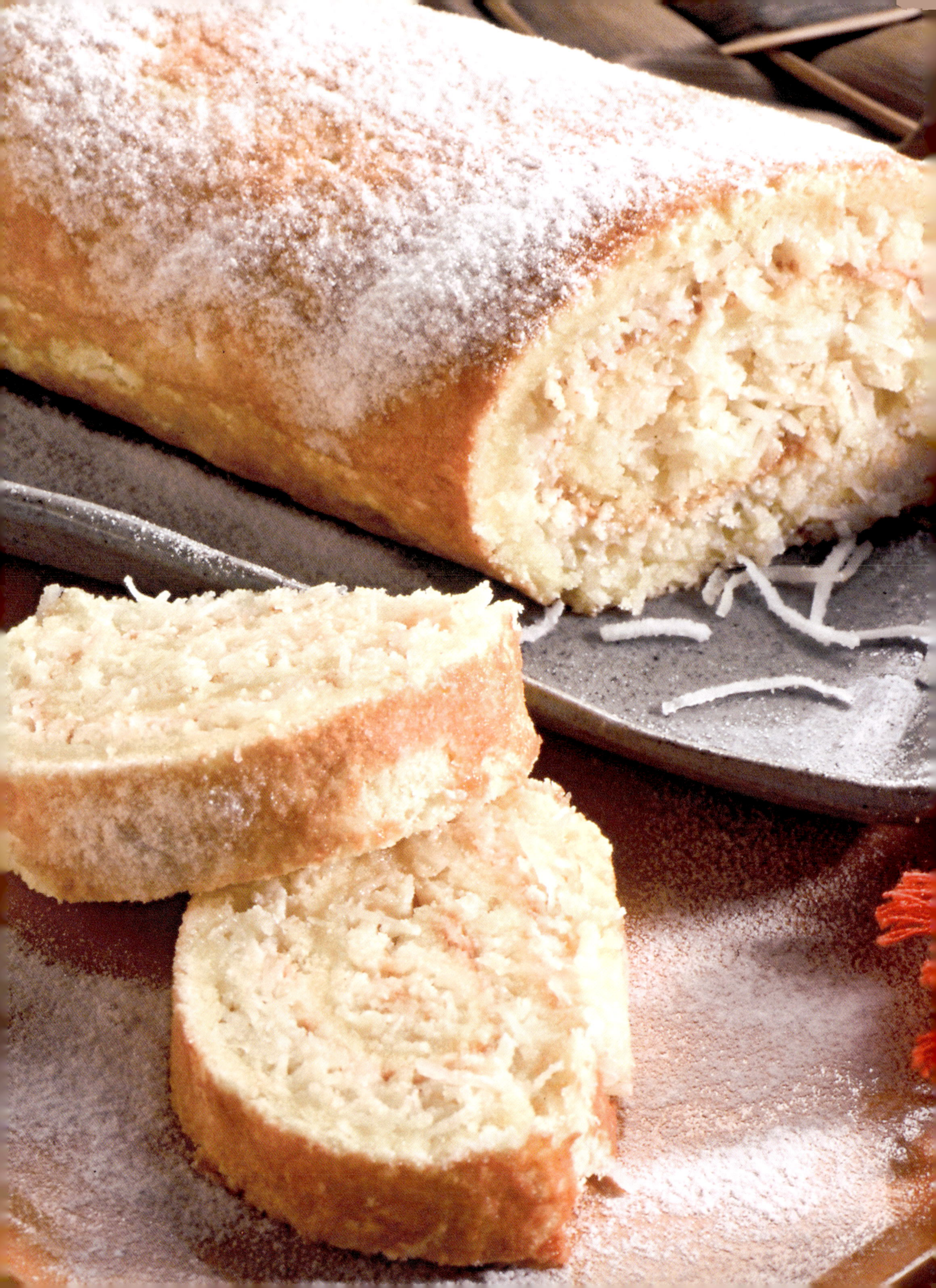

Rocambole Quero Mais

Ingredientes

Recheio
1 lata de leite condensado
2 xícaras (chá) de coco fresco ralado
2 colheres (sopa) de manteiga

Massa
3 ovos
4 colheres (sopa) de água
1/2 xícara (chá) de açúcar
1 e 1/2 colher (sopa) de amido de milho
1 e 1/2 colher (sopa) de farinha de trigo
1/2 colher (chá) de fermento em pó
1/2 colher (sopa) de essência de baunilha
1/4 de xícara (chá) de açúcar de confeiteiro

Modo de Preparo

Recheio
Misture o leite condensado, a manteiga e o coco. Coloque em uma fôrma retangular grande forrada com papel-manteiga untado com manteiga. Reserve.

Massa
Bata na batedeira as gemas com a água até espumar. Junte o açúcar e bata bem. Diminua a velocidade da batedeira e agregue o amido, a farinha de trigo e o fermento. Acrescente a baunilha. Bata as claras em neve, incorpore-as, delicadamente, à massa e coloque sobre o recheio na fôrma. Leve ao forno preaquecido em temperatura média por 30 minutos. Desenforme quente sobre um pano de prato úmido. Retire o papel-manteiga e enrole. Polvilhe o açúcar de confeiteiro para servir.

Rendimento: 12 porções
Tempo de Preparo: 1 hora

Bolo de Maçã

Ingredientes
1 tablete de manteiga em temperatura ambiente (200 g)
1 xícara (chá) de açúcar
4 ovos
1 xícara (chá) de farinha de trigo
1 colher (chá) de fermento
1 pitada de sal
2 maçãs vermelhas
1/2 xícara (chá) de açúcar de confeiteiro para polvilhar

Modo de Preparo
Bata a manteiga com o açúcar e as gemas até que forme um creme claro. Junte a farinha de trigo, o fermento e o sal peneirados. Misture. Continue batendo por mais 3 minutos. Bata as claras em neve e incorpore-as, delicadamente, à massa. Transfira para uma fôrma de fundo removível untada e enfarinhada. Distribua as maçãs descascadas e cortadas em tiras grossas por cima da massa. Asse em forno preaquecido em temperatura média por 40 minutos. Polvilhe açúcar de confeiteiro antes de servir.

Rendimento: 12 porções
Tempo de Preparo: 1 hora

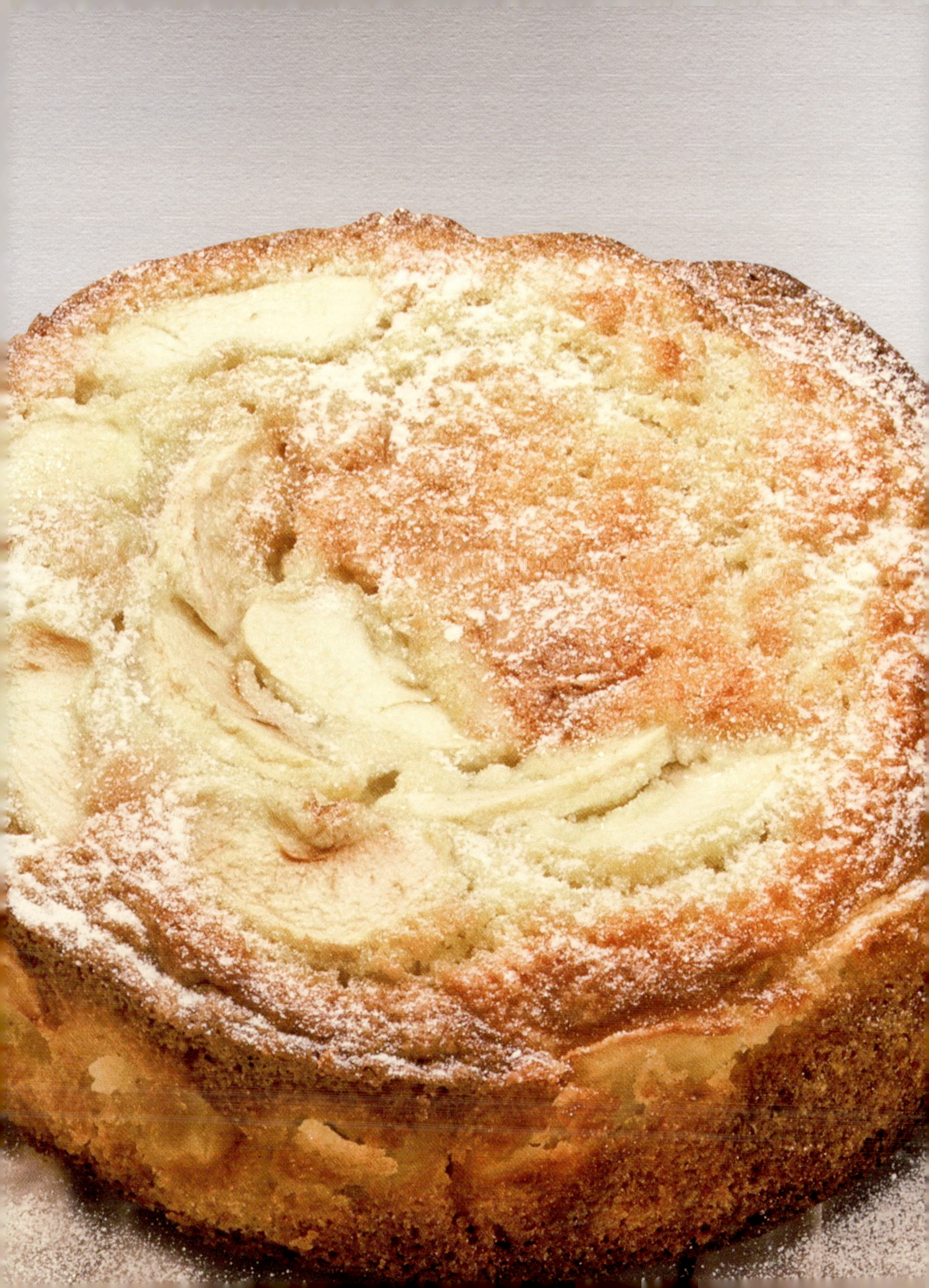

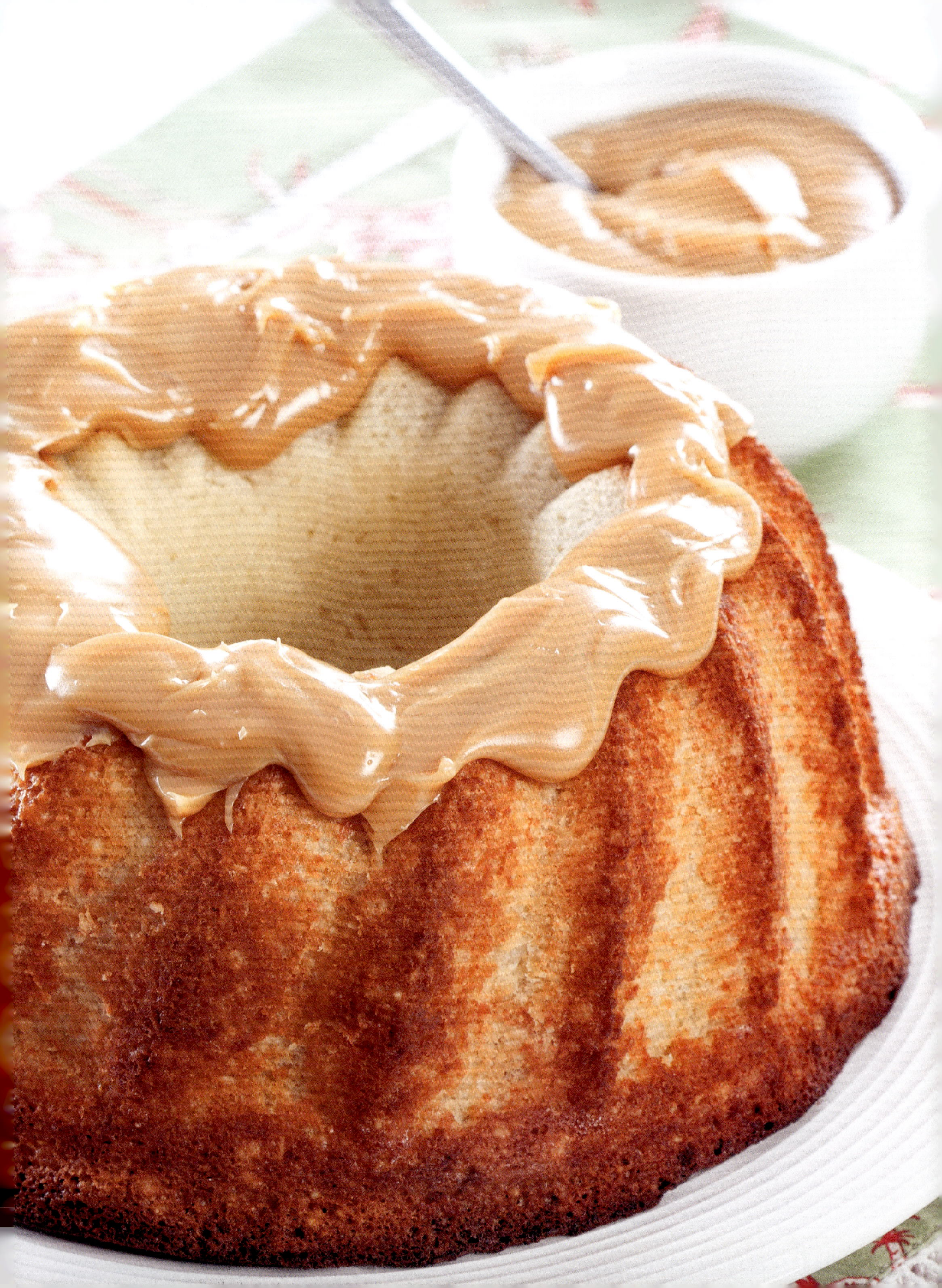

Bolo de Tapioca

Ingredientes
2 e 1/2 xícaras (chá) de tapioca granulada
4 xícaras (chá) de leite
5 ovos
2 xícaras (chá) de açúcar
4 colheres (sopa) de manteiga
1 e 1/2 xícara (chá) de farinha de trigo
1 colher (sopa) de fermento em pó
1 vidro de leite de coco (200 ml)
1/2 xícara (chá) de queijo parmesão ralado
1 pacote de coco em flocos (100 g)
2 xícaras (chá) de doce de leite cremoso para cobrir

Modo de Preparo
Hidrate a tapioca por 1 hora no leite, mexendo de vez em quando para que ela fique soltinha. Bata na batedeira as gemas com açúcar e a manteiga até formar um creme. Junte a farinha de trigo e o fermento, peneirados, o leite de coco, a tapioca hidratada, o queijo e o coco em flocos. Misture bem. Bata as claras em neve e incorpore, delicadamente, à massa. Coloque em uma fôrma de furo central untada e enfarinhada. Leve ao forno preaquecido em temperatura média por 40 minutos. Deixe esfriar, desenforme e cubra com o doce de leite.

Rendimento: 12 porções
Tempo de Preparo: 1 hora e 30 minutos

Bolo Fofo de Requeijão

Ingredientes
3 ovos
1 copo de requeijão (250 g)
2 xícaras (chá) de açúcar
1/2 xícara (chá) de óleo
1 pacote de coco seco ralado (100 g)
2 xícaras (chá) de farinha de trigo
1 colher (sopa) de fermento em pó

Modo de Preparo
Em uma tigela, misture os ovos, o requeijão, o açúcar, o óleo, o coco, a farinha de trigo e o fermento. Passe para uma fôrma de furo central untada e enfarinhada e leve ao forno preaquecido em temperatura média por 40 minutos. Espere amornar e desenforme.

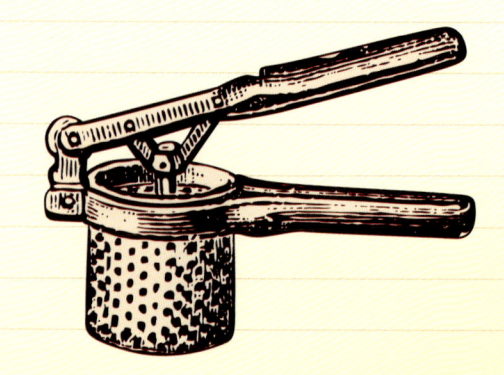

Rendimento: 12 porções
Tempo de Preparo: 1 hora

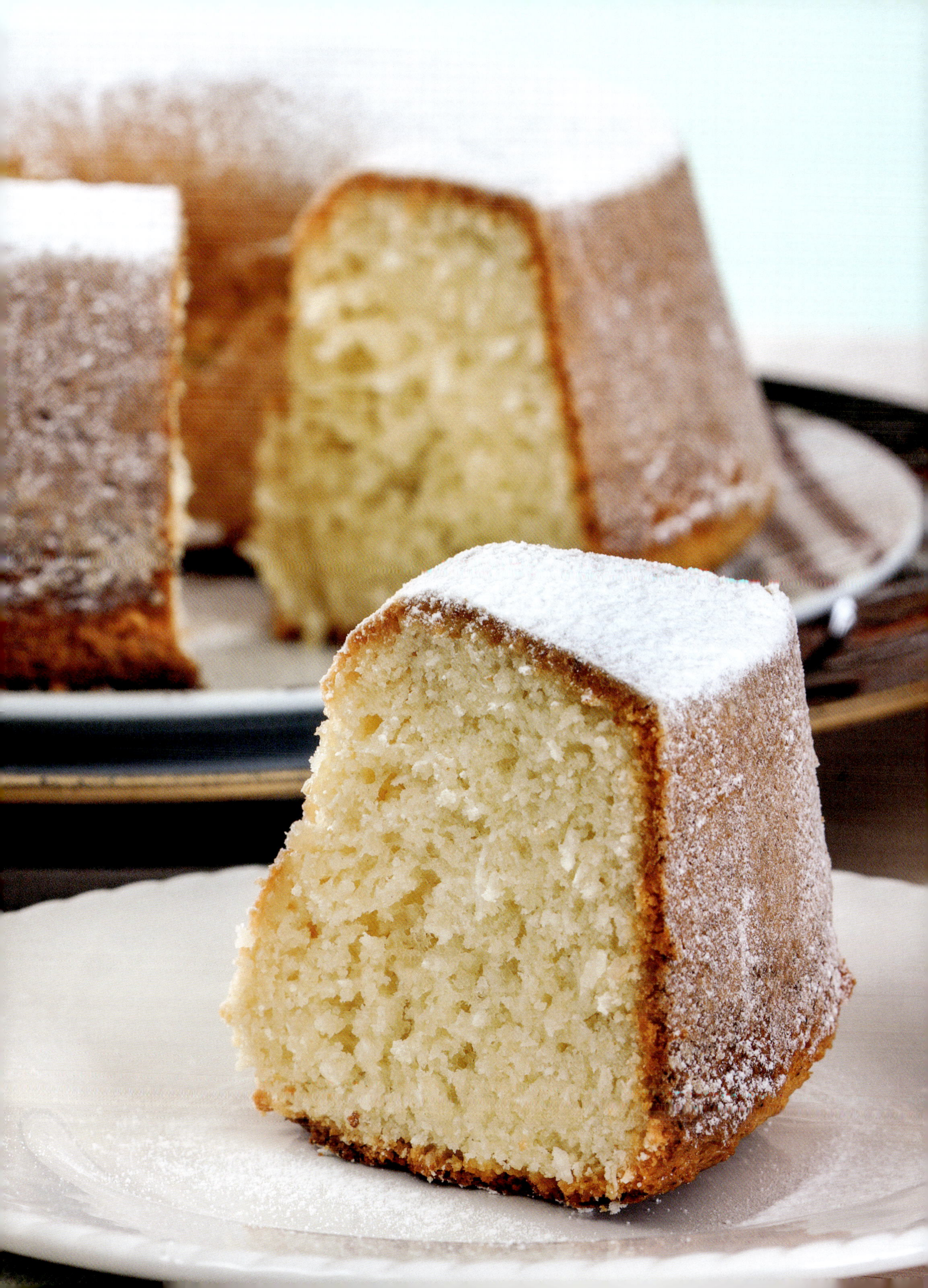

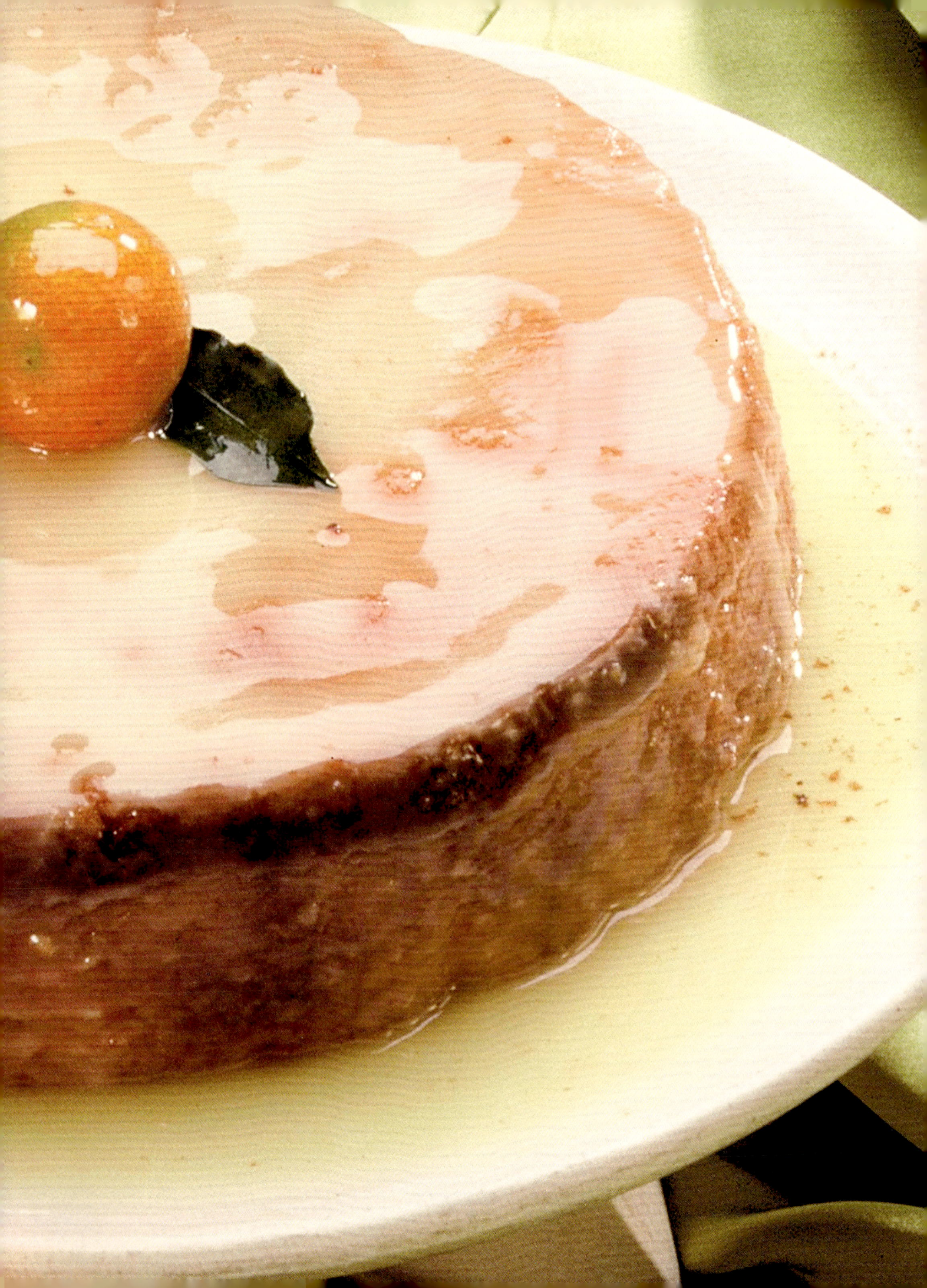

Bolo de Coco com Laranja

Ingredientes
3 ovos
1/2 xícara (chá) de açúcar
130 g de manteiga em temperatura ambiente
2 xícaras (chá) de farinha de trigo
1 colher (sopa) de fermento em pó
raspas de 1/2 laranja
1 vidro de leite de coco (200 ml)

Cobertura
1/2 xícara (chá) de suco de laranja
2 xícaras (chá) de açúcar de confeiteiro

Modo de Preparo
Bata na batedeira as gemas com o açúcar até formar um creme claro. Acrescente a manteiga e continue batendo. Desligue a batedeira e agregue a farinha de trigo, o fermento em pó, as raspas de laranja e o leite de coco. Bata as claras em neve e incorpore, delicadamente, à massa. Coloque em uma fôrma redonda untada e enfarinhada. Leve ao forno preaquecido em temperatura média por 40 minutos. Espere amornar e desenforme.

Cobertura
Misture o suco de laranja com o açúcar de confeiteiro para que forme uma calda e cubra o bolo.

Rendimento: 12 porções
Tempo de Preparo: 1 hora

Brownie

Ingredientes
3/4 de xícara (chá) de manteiga sem sal em temperatura ambiente
1 e 1/2 xícara (chá) de açúcar
4 ovos
1/4 de xícara (chá) de água
1 colher (chá) de essência de baunilha
3/4 de xícara (chá) de chocolate em pó
1/2 xícara (chá) de farinha de trigo
1 pitada de sal
1 xícara (chá) de nozes picadas grosseiramente

Modo de Preparo
Bata no liquidificador a manteiga, o açúcar, os ovos, a água, a baunilha, o chocolate em pó, a farinha de trigo e o sal até obter uma massa homogênea. Acrescente as nozes e misture, sem bater. Coloque em uma fôrma retangular pequena untada e asse em forno preaquecido por 40 minutos.

Dica: Sirva o brownie quente com o sorvete de sua preferência.
Rendimento: 8 porções
Tempo de Preparo: 1 hora

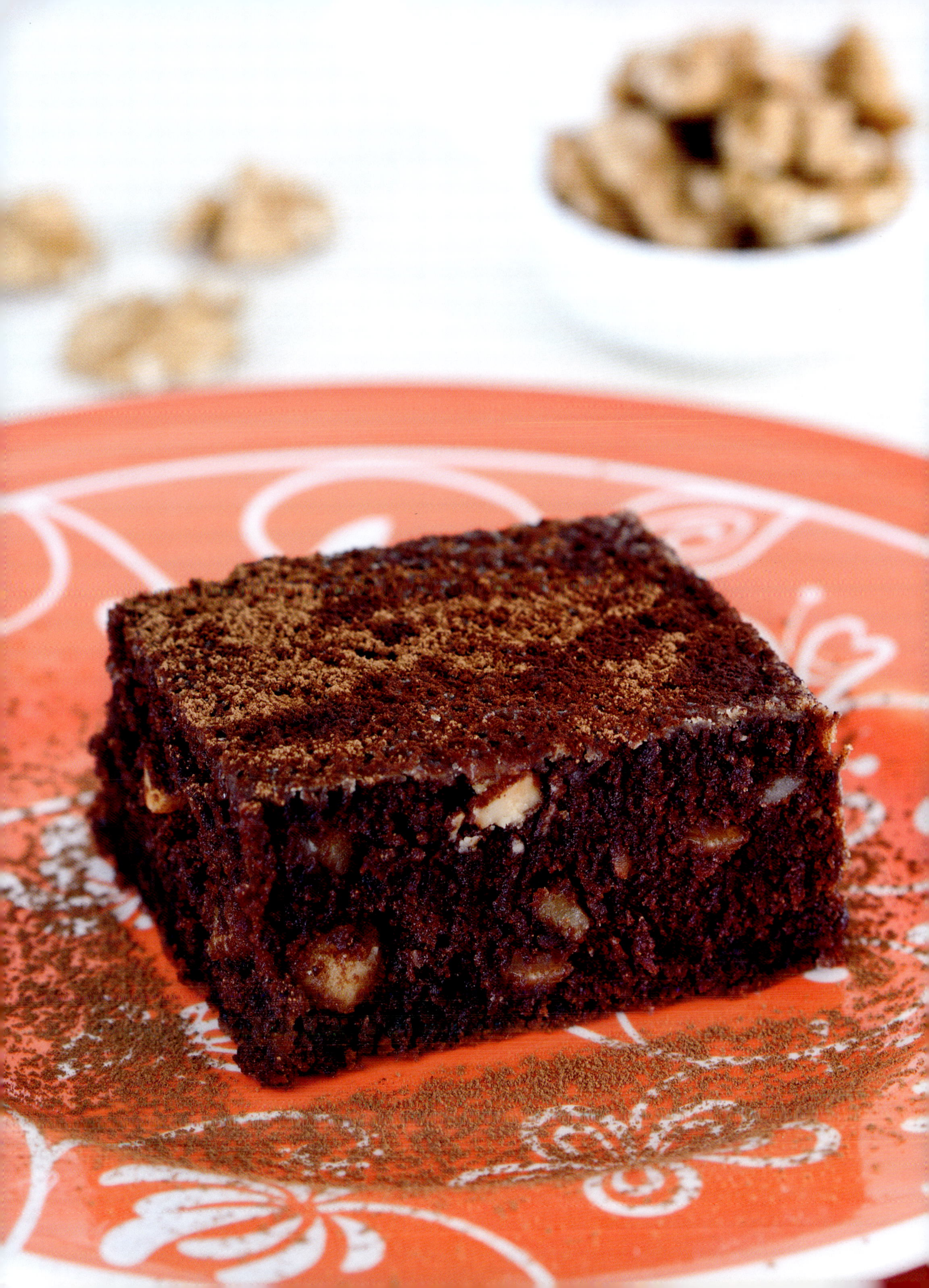

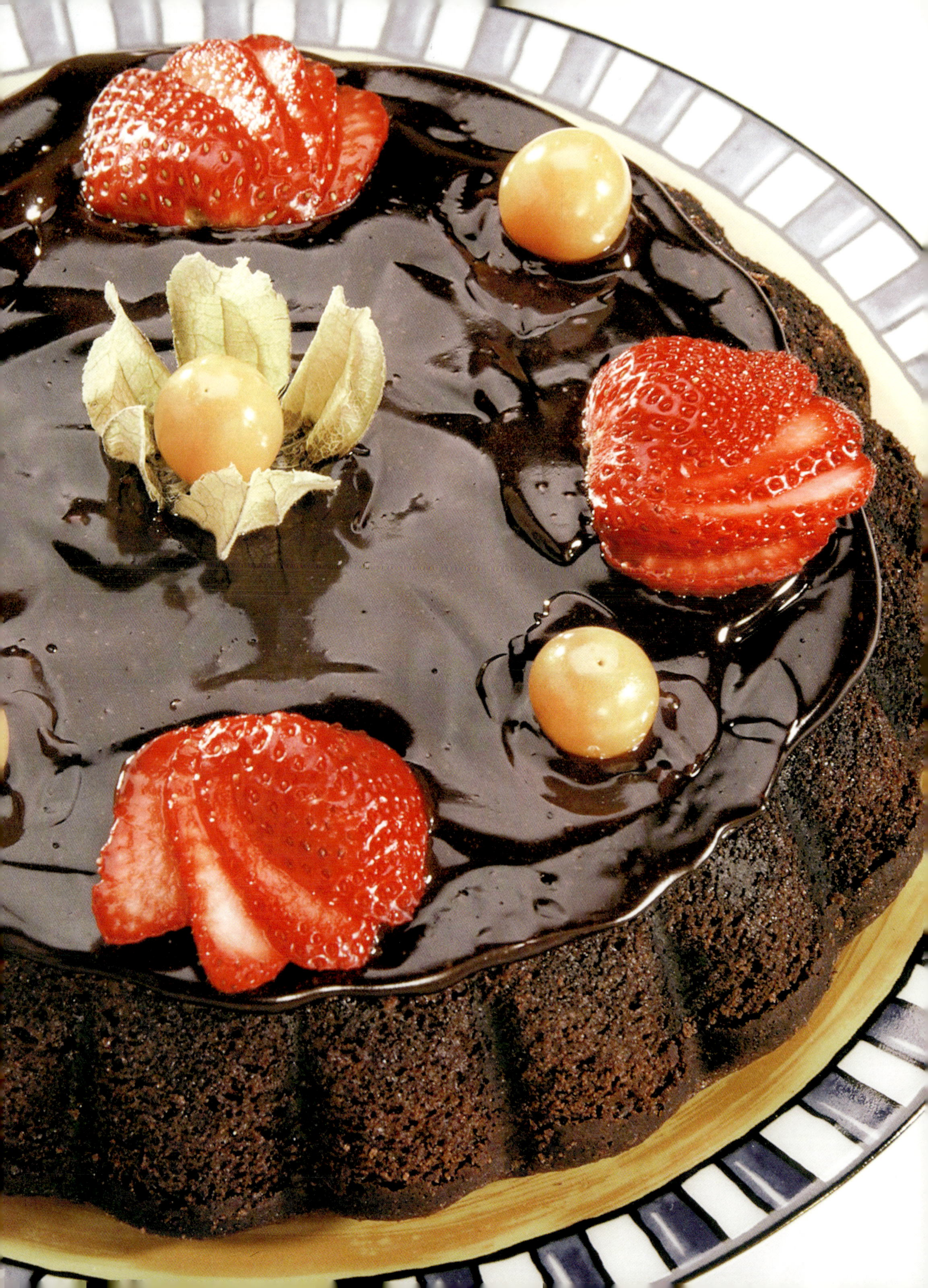

Bolo de Chocolate

Ingredientes
Massa
150 g de manteiga em temperatura ambiente
2 xícaras (chá) de açúcar
5 ovos
2 xícaras (chá) de farinha de trigo
1/2 xícara (chá) de cacau em pó
1 colher (chá) de fermento em pó
1 xícara (chá) de leite

Cobertura
300 g de chocolate meio amargo picado
1 colher (sopa) de manteiga
1/3 de xícara (chá) de leite
4 colheres (sopa) de açúcar de confeiteiro
1 colher (chá) de essência de baunilha
frutas frescas para decorar

Modo de Preparo
Massa
Bata na batedeira a manteiga, o açúcar e os ovos, um a um. Acrescente a farinha de trigo, o cacau e o fermento peneirados. Junte o leite. Coloque a massa em uma fôrma untada e enfarinhada. Leve ao forno preaquecido em temperatura média por 40 minutos. Deixe amornar e desenforme.

Cobertura
Derreta o chocolate com a manteiga. Junte o leite, o açúcar e a baunilha. Deixe esfriar e cubra o bolo. Decore com as frutas.

Rendimento: 12 porções
Tempo de Preparo: 1 hora e 10 minutos

Bolo Misto

Ingredientes

Massa Branca

2 ovos / 1 xícara (chá) de açúcar / 1/2 tablete de manteiga em temperatura ambiente (100 g) / 1 xícara (chá) de farinha de trigo / 1/2 colher (sopa) de fermento em pó / 1 pitada de sal / 1/2 xícara (chá) de leite / 1 colher (chá) de essência de baunilha

Massa Escura

2 ovos / 1 xícara (chá) de açúcar mascavo / 1/2 tablete de manteiga em temperatura ambiente (100 g) / 2 colheres (sopa) de chocolate em pó / 1 xícara (chá) de farinha de trigo / 1/2 colher (sopa) de fermento em pó / 1 pitada de sal / 1/2 colher (chá) de noz-moscada em pó / 1 colher (chá) de canela em pó / 1 colher (chá) de gengibre em pó / 3/4 de xícara (chá) de leite

Modo de Preparo

Massa Branca

Bata as claras em neve, junte metade do açúcar e reserve. Bata a manteiga com o restante do açúcar e as gemas até formar um creme. Junte a farinha, o fermento e o sal peneirados, intercalando com o leite. Adicione a baunilha e incorpore as claras em neve, delicadamente. Passe essa massa para uma fôrma de furo central untada e enfarinhada e reserve.

Massa Escura

Bata as claras em neve, junte metade do açúcar mascavo e reserve. Bata a manteiga com o restante do açúcar mascavo e as gemas até formar um creme. Junte o chocolate, a farinha, o fermento, o sal, noz-moscada, canela e gengibre peneirados, intercalando com o leite. Incorpore as claras em neve, delicadamente. Coloque colheradas dessa massa sobre a outra, bem no centro, para criar o efeito de duas cores. Leve ao forno preaquecido em temperatura média por 40 minutos.

Rendimento: 12 porções
Tempo de Preparo: 1 hora e 20 minutos

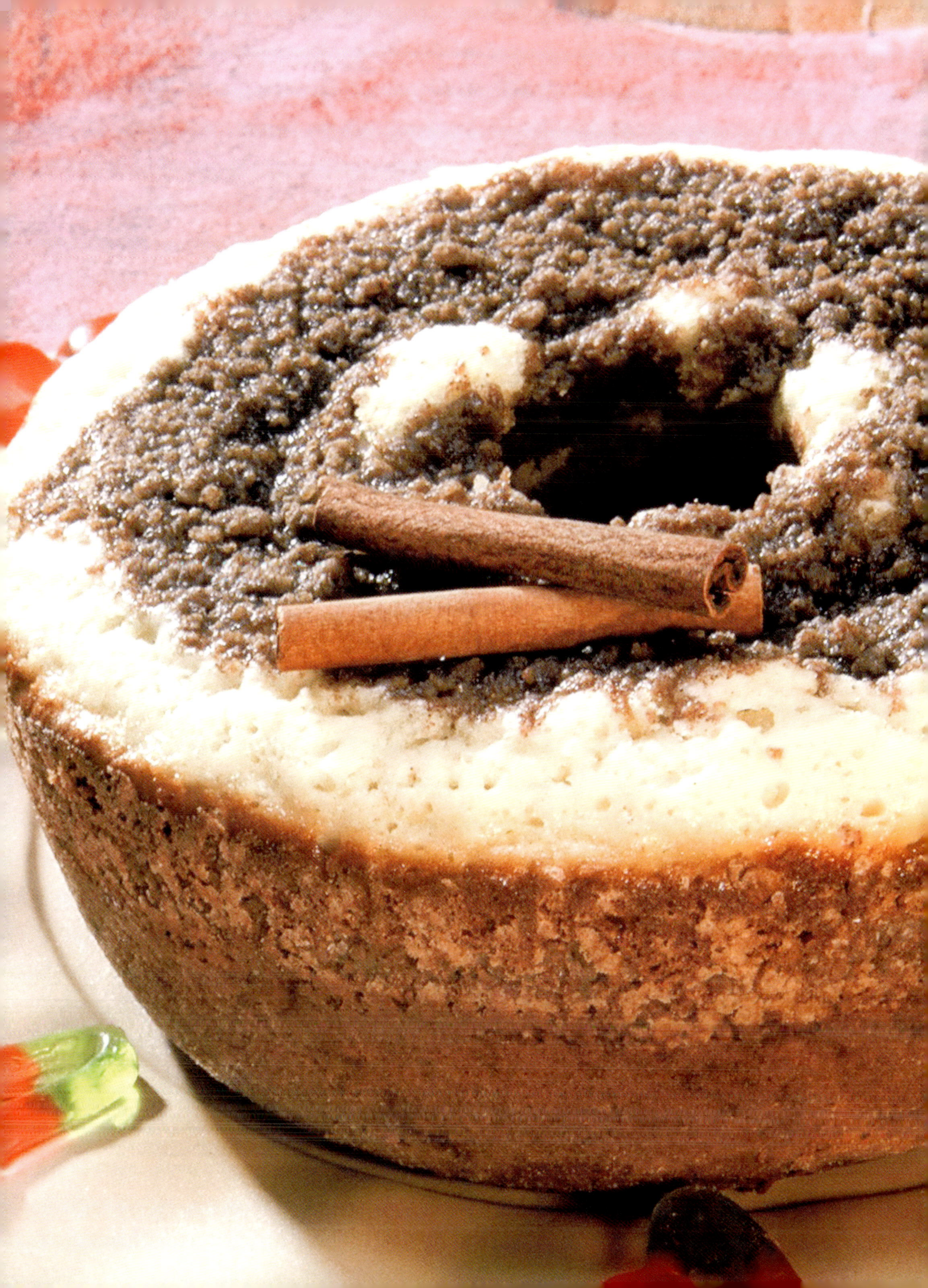

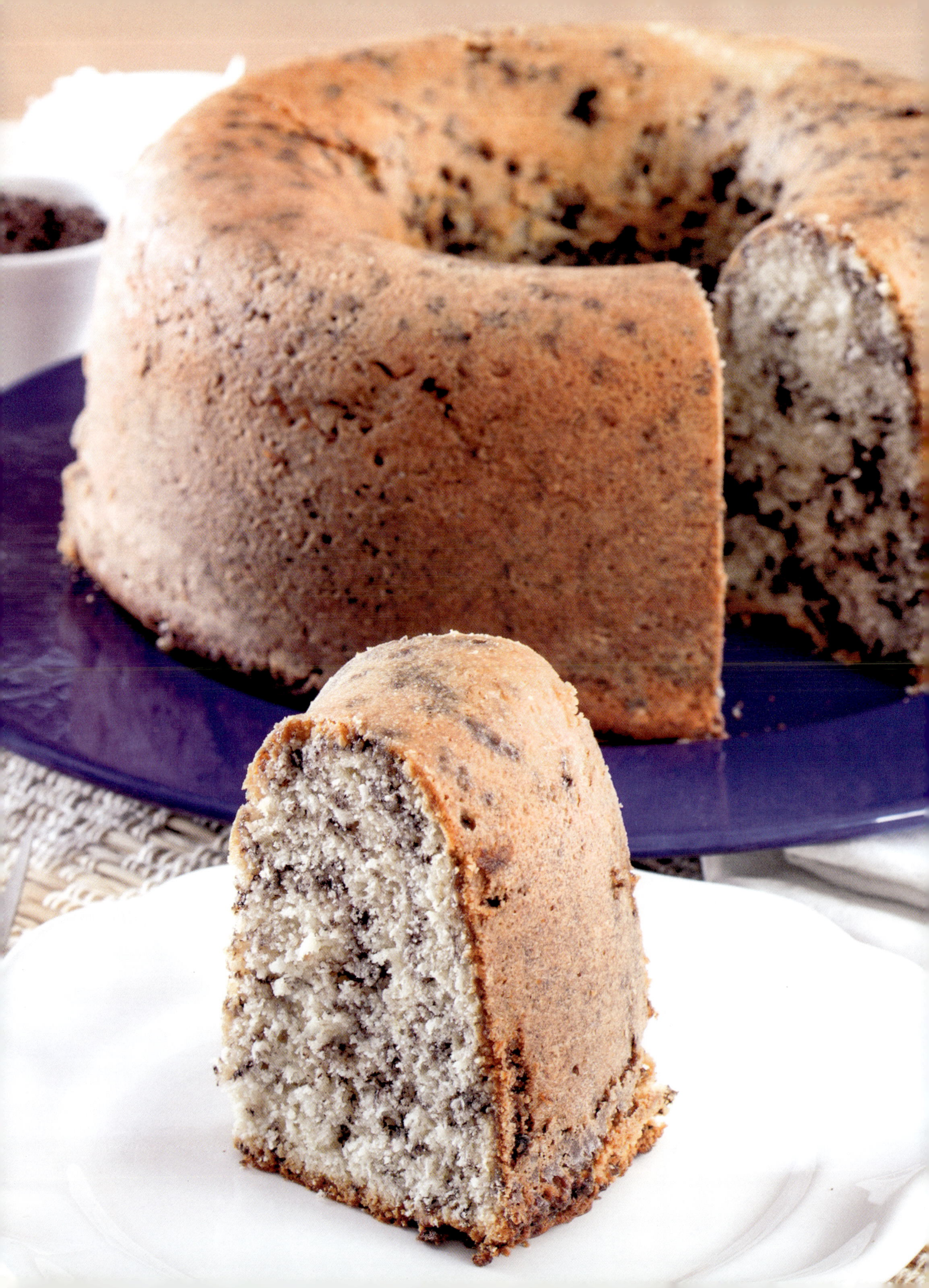

Bolo Formigueiro

Ingredientes
Massa
3 ovos
2 e 1/2 xícaras (chá) de açúcar
4 colheres (sopa) de margarina
1 xícara (chá) de coco ralado
1 vidro de leite de coco (200 ml)
4 xícaras (chá) de farinha de trigo
1 xícara (chá) de leite
1 colher (sopa) de fermento em pó
1 xícara (chá) de chocolate granulado

Modo de Preparo
Massa
Bata, na batedeira, os ovos com o açúcar a margarina. Junte o coco, o leite de coco e a farinha de trigo, alternando com o leite. Acrescente o fermento e o chocolate granulado. Passe para uma fôrma untada e enfarinhada e leve ao forno preaquecido em temperatura média por 40 minutos. Deixe esfriar e desenforme.

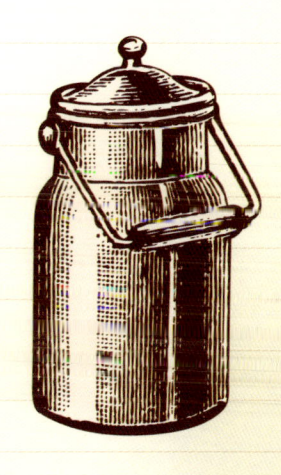

Rendimento: 12 porções
Tempo de Preparo: 1 hora

Bolo de Neve

Ingredientes
1 tablete de manteiga em temperatura ambiente (200 g)
1 e 1/2 xícara (chá) de açúcar
1 colher (sopa) de essência de baunilha
2 colheres (sopa) de essência de amêndoas
2 xícaras (chá) de farinha de trigo
1 colher (sopa) de fermento em pó
1/2 xícara (chá) de leite
4 claras
1 pitada de sal

Calda
1 xícara (chá) de amoras
1/2 xícara (chá) de açúcar
1/2 xícara (chá) de água

Modo de Preparo
Bata na batedeira a manteiga, o açúcar e as essências. Junte a farinha de trigo e o fermento em pó peneirados. Acrescente o leite, aos poucos, e, por último, incorpore delicadamente as claras batidas em neve com o sal. Coloque a massa em uma fôrma untada e enfarinhada. Leve ao forno preaquecido em temperatura média por 40 minutos. Deixe amornar e desenforme.

Calda
Em uma panela, coloque as amoras, o açúcar e a água. Leve ao fogo e deixe ferver até formar uma calda. Corte o bolo e sirva regado com a calda.

Rendimento: 10 porções
Tempo de Preparo: 1 hora

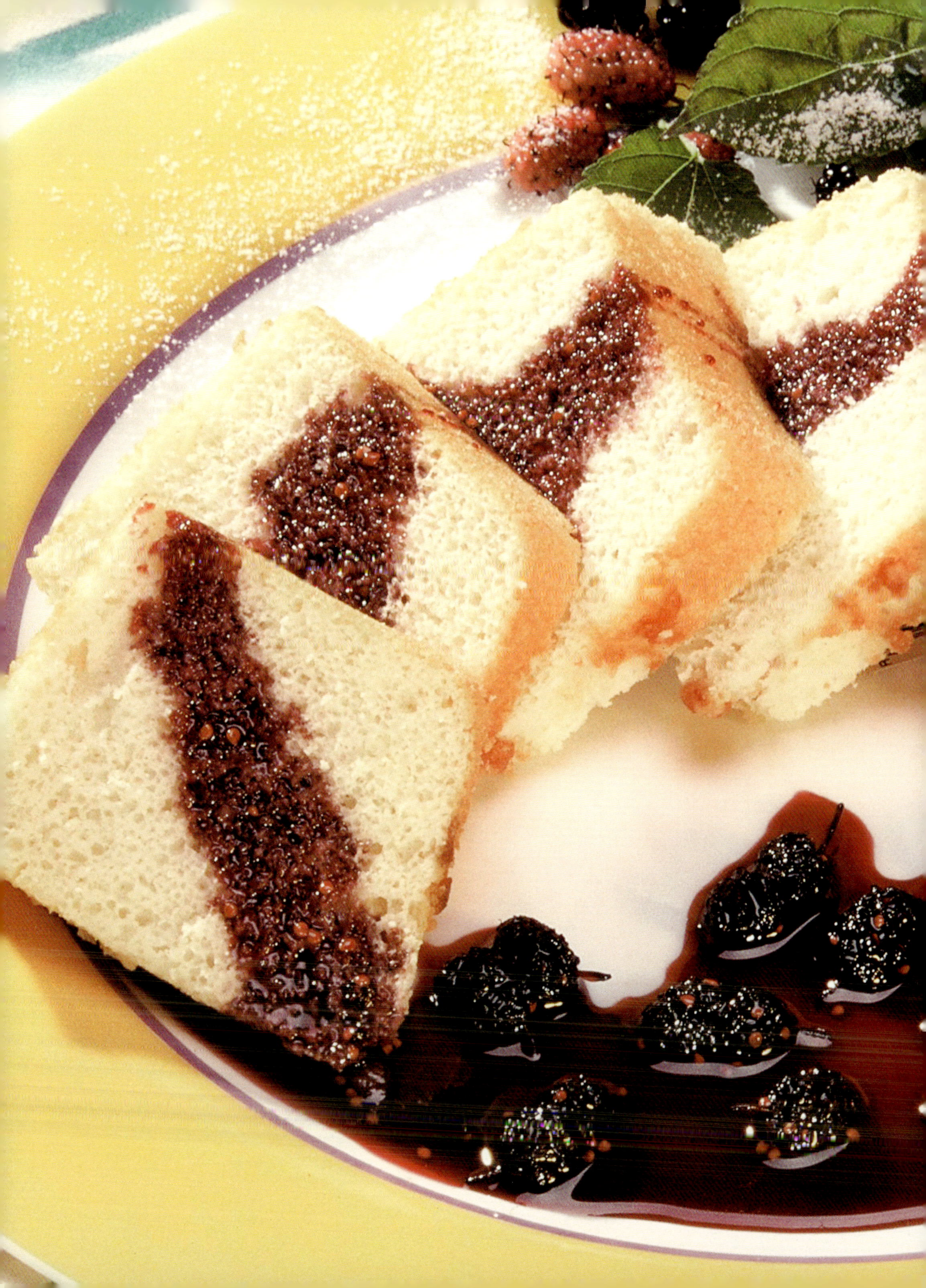

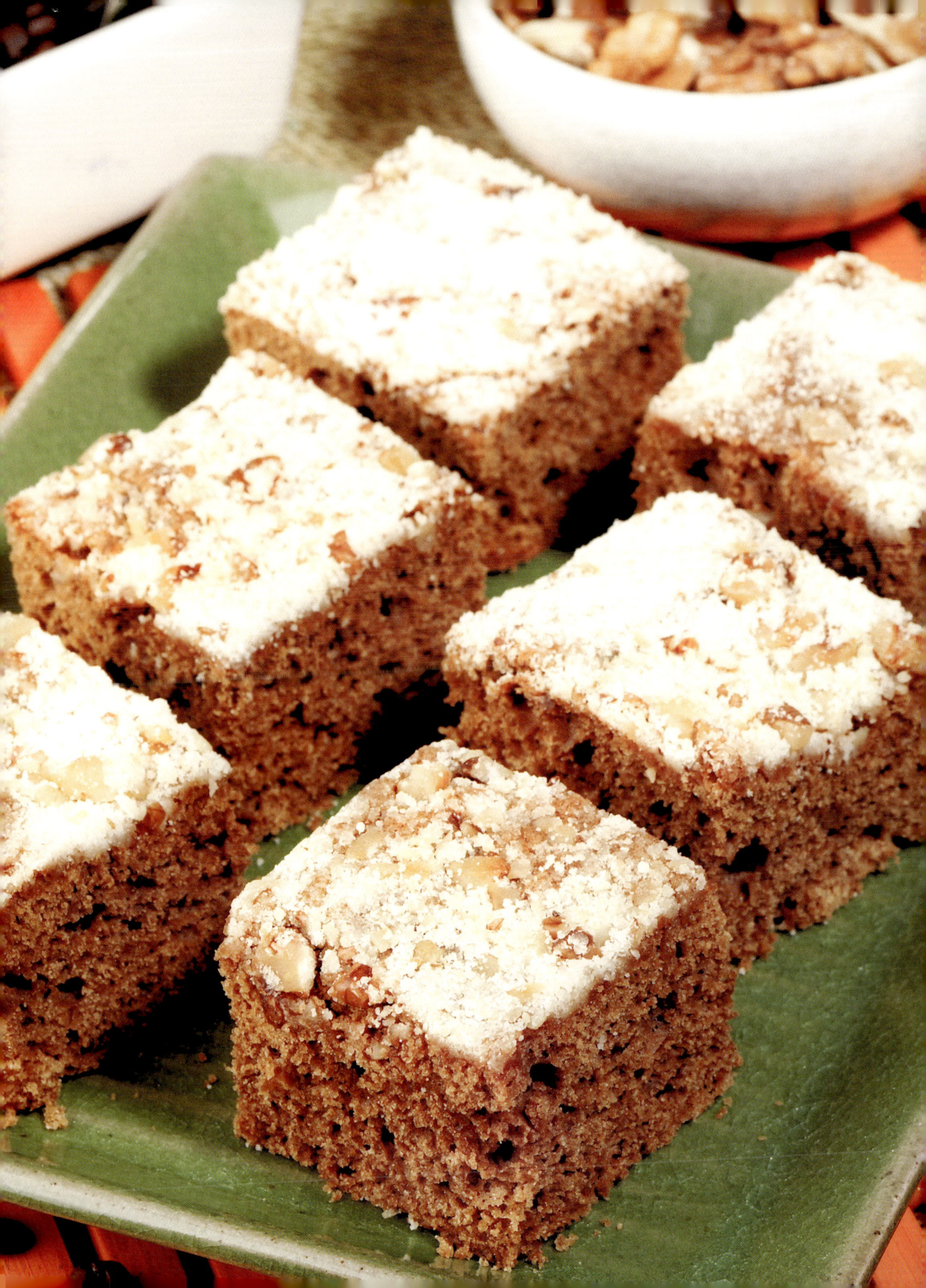

Bolo de Café Crocante

Ingredientes
1 tablete de manteiga em temperatura ambiente (200 g)
1 e 1/2 xícara (chá) de açúcar mascavo
3 ovos
3/4 de xícara (chá) de café bem forte
1 colher (sobremesa) de essência de baunilha
1 pitada de sal
2 e 1/2 xícaras (chá) de farinha de trigo
1 colher (sopa) de fermento em pó
2 xícaras (chá) de nozes picadas
1 xícara (chá) de açúcar refinado

Modo de Preparo
Bata na batedeira a manteiga com o açúcar mascavo. Adicione os ovos e bata até formar um creme claro. Junte o café, a baunilha, o sal, a farinha de trigo e o fermento. Misture bem. Coloque em uma assadeira untada e enfarinhada. Espalhe as nozes por cima da massa e leve ao forno preaquecido em temperatura média por 40 minutos. Espere amornar e polvilhe o açúcar sobre o bolo.

Rendimento: 12 porções
Tempo de Preparo: 1 hora

Bolo Floresta Negra

Ingredientes

Massa: 6 ovos / 3/4 de xícara (chá) de água / 1 xícara (chá) de açúcar / 8 colheres (sopa) de chocolate em pó / 2 xícaras (chá) de farinha de trigo / 1 colher (sopa) de fermento em pó

Recheio e Cobertura: 2 xícaras (chá) de creme de leite fresco / 2 colheres (sopa) de açúcar / 1 tablete de chocolate meio amargo ralado (180 g) / 1/2 xícara (chá) de cerejas em calda escorridas e picadas / cerejas em calda inteiras e raspas de chocolate meio amargo para decorar

Calda: 3/4 de xícara (chá) de açúcar / 1/2 xícara (chá) de água / 1/2 xícara (chá) de calda da cereja

Modo de Preparo

Massa: Bata as gemas com a água até dobrar o volume. Acrescente o açúcar e bata por mais alguns minutos. Junte o chocolate, a farinha de trigo e o fermento peneirados juntos. Pare de bater e incorpore as claras batidas em neve. Passe a massa para uma fôrma untada e enfarinhada e leve ao forno preaquecido em temperatura média por 40 minutos. Deixe esfriar, desenforme e corte ao meio para rechear.

Recheio e Cobertura: Na batedeira, coloque o creme de leite gelado e o açúcar. Bata até o ponto de chantilly. Cuidado para não passar do ponto, pois vira manteiga. Reserve.

Calda: Ferva o açúcar com a água até formar uma calda rala. Deixe esfriar e junte a calda da cereja.

Montagem: Molhe uma das partes do bolo com a calda e espalhe uma porção do chantilly. Distribua uma parte do chocolate ralado e as cerejas picadas. Cubra com a outra parte do bolo, molhe com a calda e espalhe o chantilly restante. Decore com as cerejas inteiras e as raspas de chocolate. Deixe na geladeira até a hora de servir.

Rendimento: 12 porções
Tempo de Preparo: 1 hora e 40 minutos

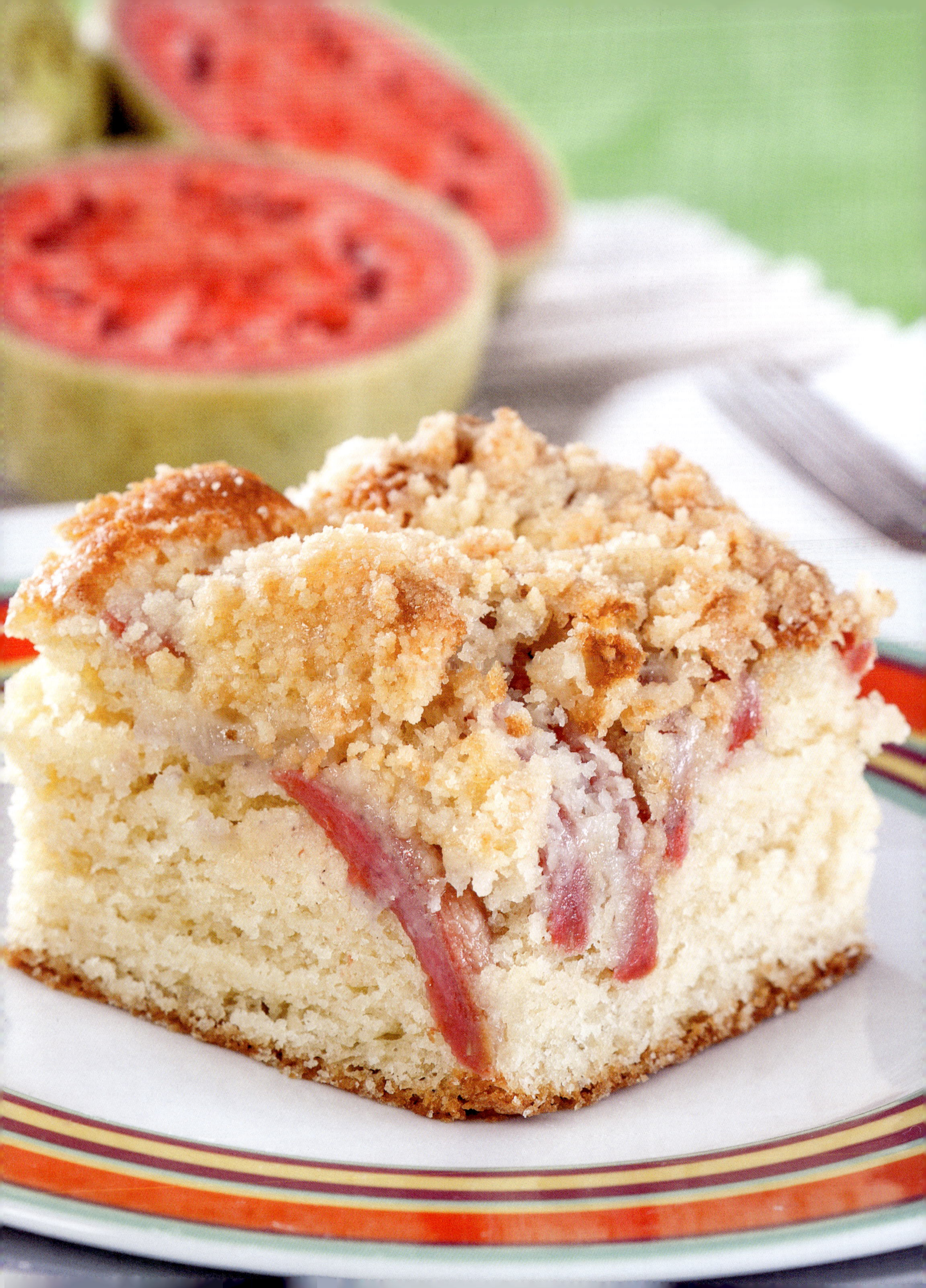

Cuca de Goiaba

Ingredientes
Goiaba
5 goiabas vermelhas descascadas, sem a polpa e cortadas em fatias / 3 colheres (sopa) de açúcar / 1 colher (sopa) de suco de limão

Massa
4 ovos / 2 xícaras (chá) de açúcar / 2 colheres (sopa) de manteiga em temperatura ambiente / 4 xícaras (chá) de farinha de trigo / 2 colheres (sopa) de fermento em pó / 1 e 1/2 xícara (chá) de leite / 1/2 xícara (chá) de vinho branco

Farofa
1 xícara (chá) de açúcar / 1/2 xícara (chá) de farinha de trigo / 3 colheres (sopa) de manteiga

Modo de Preparo
Goiaba
Em uma panela, coloque as goiabas, o açúcar e o suco de limão. Leve ao fogo, mexendo de vez em quando, até as goiabas amolecerem um pouco. Deixe esfriar.

Massa
Bata na batedeira as gemas com o açúcar e a manteiga. Desligue a batedeira e agregue a farinha de trigo e o fermento peneirados, intercalando com o leite e o vinho branco. Bata as claras em neve e incorpore, delicadamente, à massa. Coloque a massa em uma fôrma retangular untada e enfarinhada. Espalhe a goiaba cozida. Reserve.

Farofa
Misture o açúcar, a farinha de trigo e a manteiga até formar uma farofa e coloque sobre as goiabas. Leve ao forno preaquecido em temperatura média por 40 minutos.

Rendimento: 12 porções
Tempo de Preparo: 1 hora

Bolo de Chocolate Branco com Amêndoas

Ingredientes
Massa
5 ovos
1 e 1/2 xícara (chá) de açúcar
1 colher (sopa) de essência de baunilha
2 xícaras (chá) de farinha de trigo
1 colher (sopa) de fermento em pó
1 xícara (chá) de leite morno
1 xícara (chá) de amêndoas em lâminas
1 tablete de chocolate branco picado (170 g)
1/2 tablete de manteiga (100 g)
Raspas de chocolate branco para decorar

Modo de Preparo
Bata na batedeira as claras em neve. Junte as gemas e continue batendo. Acrescente o açúcar, aos poucos, junte a baunilha, a farinha de trigo e o fermento peneirados, intercalado com o leite morno. Adicione as amêndoas, o chocolate branco derretido com a manteiga e misture. Coloque em uma fôrma untada e enfarinhada. Leve ao forno preaquecido em temperatura média por 40 minutos. Deixe esfriar e desenforme. Decore com as raspas de chocolate branco.

Rendimento: 12 porções
Tempo de Preparo: 1 hora e 10 minutos

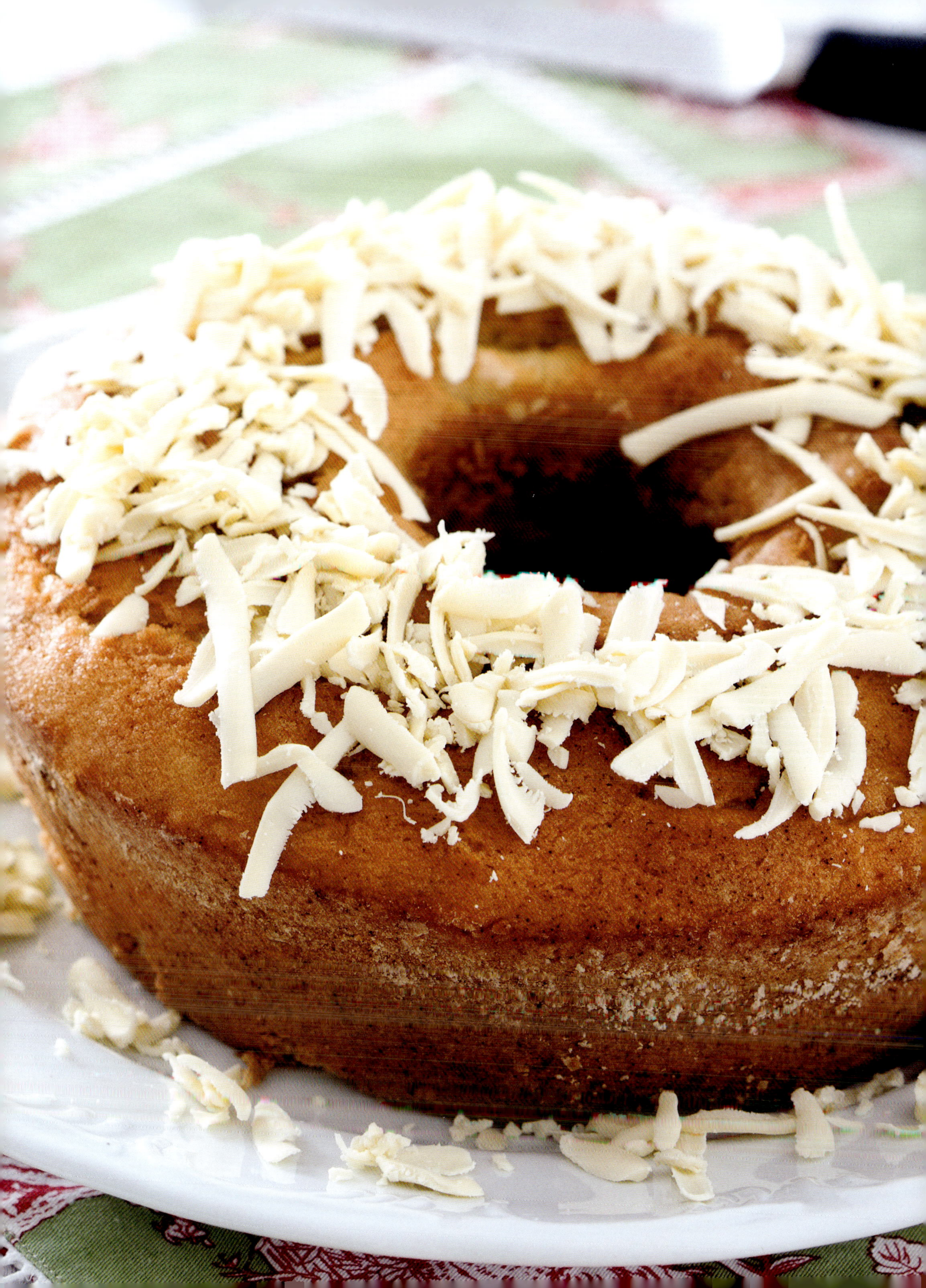

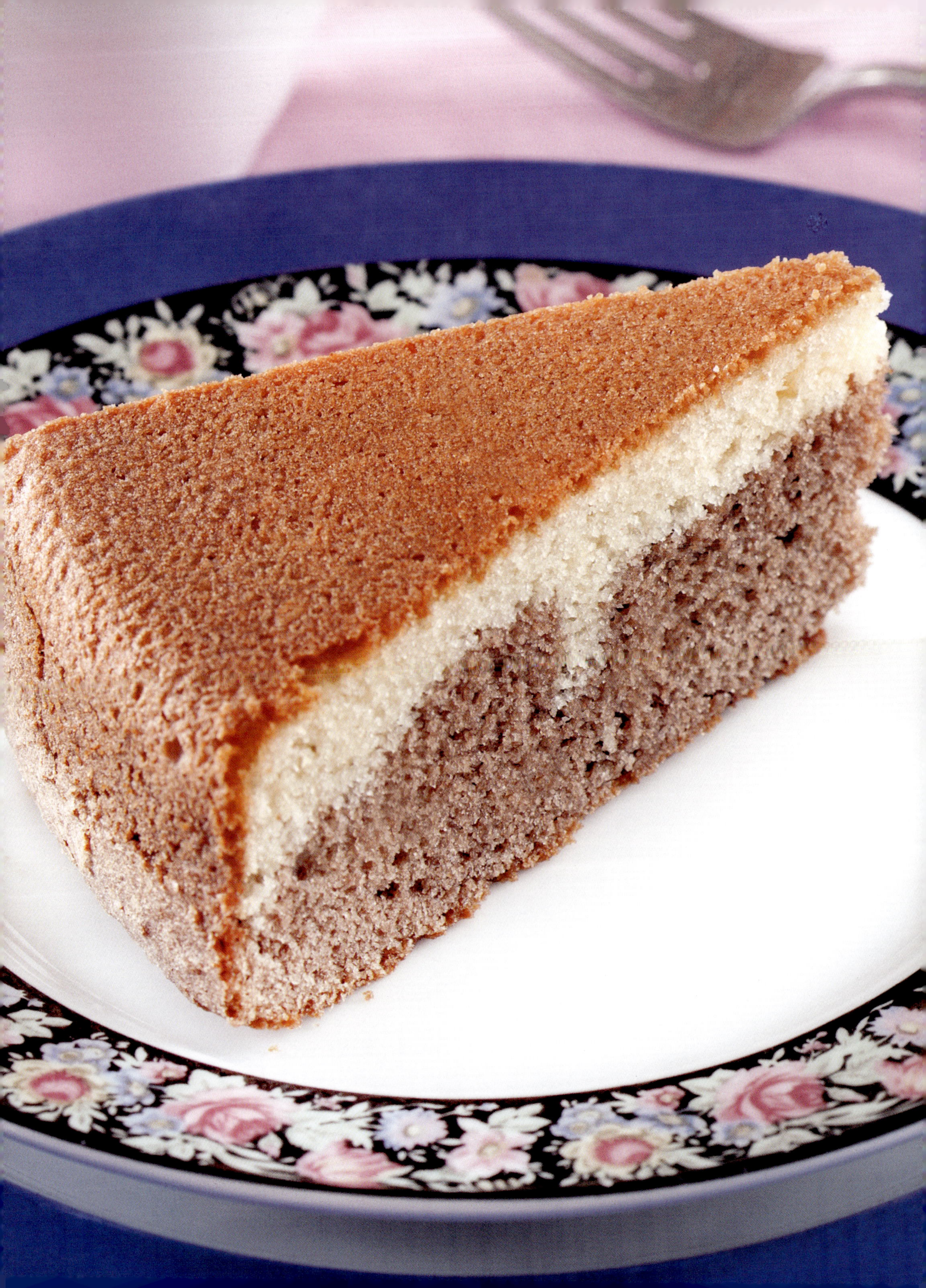

Bolo Saudade da Infância

Ingredientes
4 colheres (sopa) de margarina sem sal
1 e 1/2 xícara (chá) de açúcar
3 ovos
1 e 1/2 xícara (chá) de leite
3 xícaras (chá) de farinha de trigo
1 colher (sopa) de fermento em pó
2 colheres (sopa) de chocolate em pó

Modo de Preparo
Em uma tigela, misture a margarina, o açúcar e os ovos. Acrescente o leite e a farinha de trigo. Adicione o fermento e misture. Em uma fôrma untada e enfarinhada, despeje metade da massa e reserve. Misture o chocolate na massa restante e despeje sobre a massa que já está na fôrma. Leve ao forno preaquecido em temperatura média por 40 minutos. Deixe amornar e desenforme.

Rendimento: 12 porções
Tempo de Preparo: 1 hora

Bolo Invertido de Manga

Ingredientes
4 ovos
1 e 1/2 xícara (chá) de açúcar
1 tablete de manteiga em temperatura ambiente (200 g)
2 e 1/2 xícaras (chá) de farinha de trigo
1 colher (sopa) de fermento em pó
1 vidro de leite de coco (200 ml)
1/4 de xícara (chá) de leite
açúcar para polvilhar
1 manga grande cortada em fatias finas

Modo de Preparo
Bata as gemas com o açúcar e a manteiga até formar um creme claro. Acrescente a farinha de trigo e o fermento peneirados, intercalando com o leite de coco e o leite. Bata as claras em neve e incorpore, delicadamente, à massa. Unte uma fôrma, polvilhe açúcar e coloque as fatias de manga. Espalhe a massa sobre a manga e leve ao forno preaquecido em temperatura média, no banho-maria, por 50 minutos. Deixe amornar e desenforme.

Rendimento: 12 porções
Tempo de Preparo: 1 hora e 10 minutos

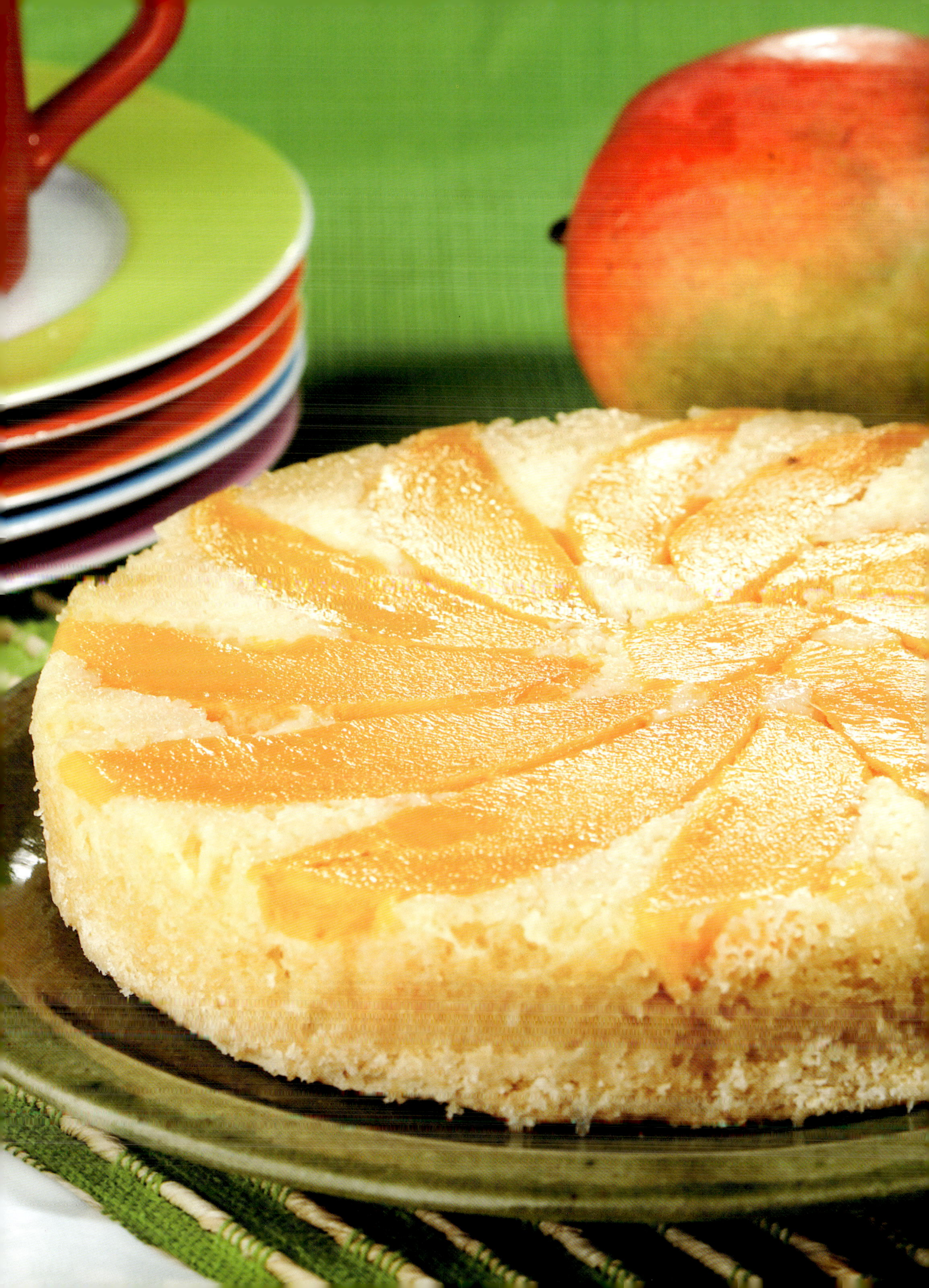

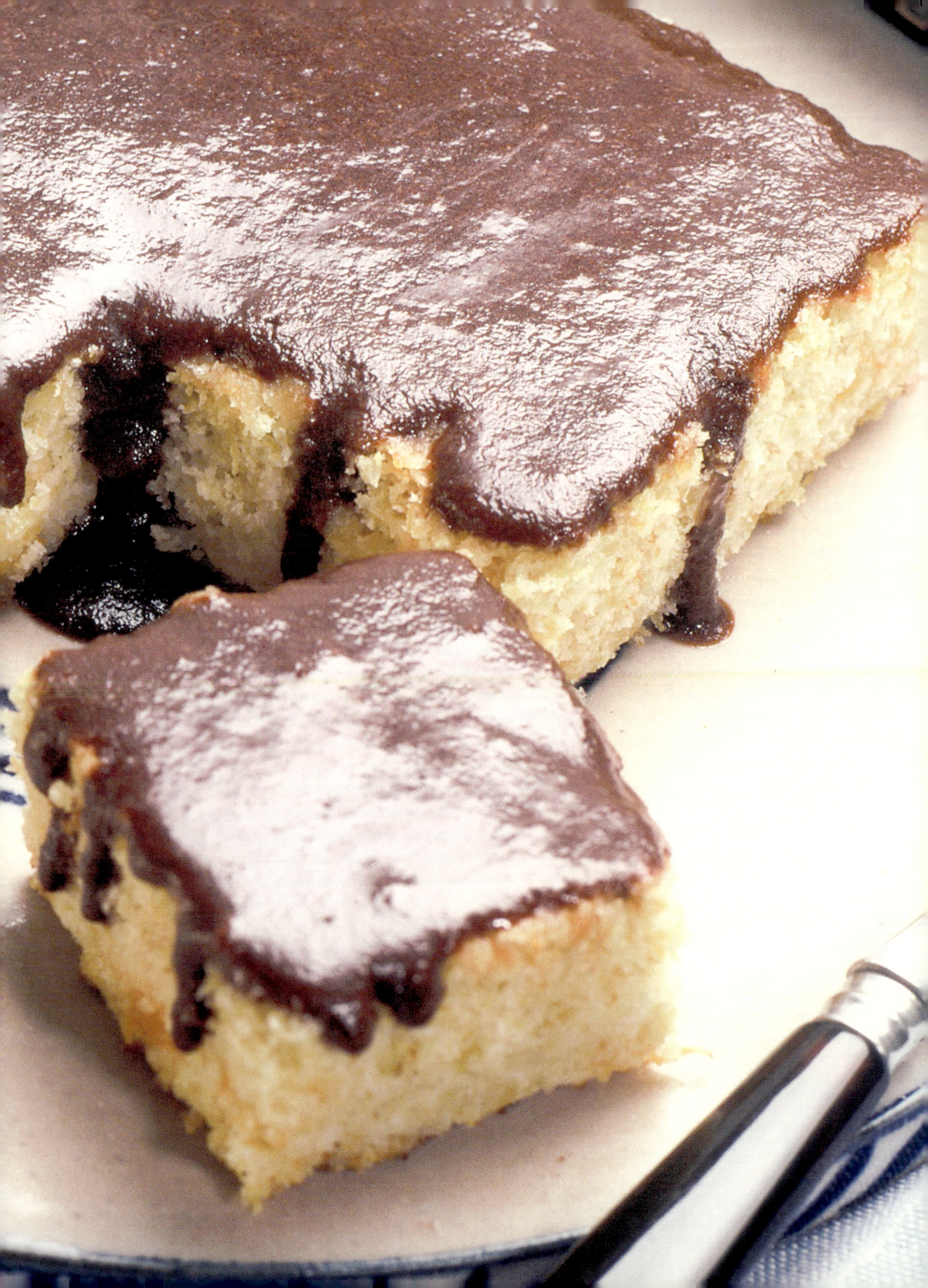

Bolo de Abóbora com Calda de Chocolate

Ingredientes
Massa
4 ovos
2 xícaras (chá) de abóbora ralada fino
1/2 xícara (chá) de óleo
2 xícaras (chá) de açúcar
2 e 1/2 xícaras (chá) de farinha de trigo
1 colher (sopa) de fermento em pó
Cobertura
1 colher (sopa) de manteiga
3 colheres (sopa) de chocolate em pó
1 xícara (chá) de açúcar
5 colheres (sopa) de leite

Modo de Preparo
Bata no liquidificador os ovos com metade da abóbora ralada, o óleo e o açúcar. Passe para uma tigela e peneire a farinha de trigo e o fermento sobre a mistura. Adicione a abóbora restante e misture bem. Coloque a massa em uma fôrma untada e enfarinhada e leve ao forno preaquecido em temperatura média por 40 minutos.
Cobertura
Em uma panela, misture a manteiga, o chocolate, o açúcar e o leite. Leve ao fogo até que o açúcar dissolva. Cubra o bolo.

Rendimento: 12 porções
Tempo de Preparo: 1 hora e 10 minutos

Bolo Saúde

Ingredientes
180 g de ricota amassada
1 e 1/2 xícara (chá) de açúcar mascavo
3 ovos
2 cenouras médias raladas
120 g de damascos secos picados
3 colheres (sopa) de avelãs torradas e picadas
1 e 1/2 xícara (chá) de farinha de trigo
1 xícara (chá) de farinha de trigo integral
1 colher (sopa) de fermento em pó
1 colher (chá) de canela em pó
1 pitada de noz-moscada
1/2 xícara (chá) de óleo
1 xícara (chá) de leite
1 colher (sopa) de açúcar cristal

Modo de Preparo
Na batedeira, bata a ricota com o açúcar mascavo e os ovos. Acrescente as cenouras, os damascos e as avelãs. Peneire as farinhas, o fermento, a canela, a noz-moscada e misture ao óleo. Adicione à mistura de ricota, intercalando com o leite e passe para uma fôrma untada e enfarinhada. Polvilhe a massa com o açúcar cristal e leve ao forno preaquecido em temperatura média por 45 minutos. Deixe amornar e desenforme. Sirva com chá.

Rendimento: 14 porções
Tempo de Preparo: 1 hora e 10 minutos

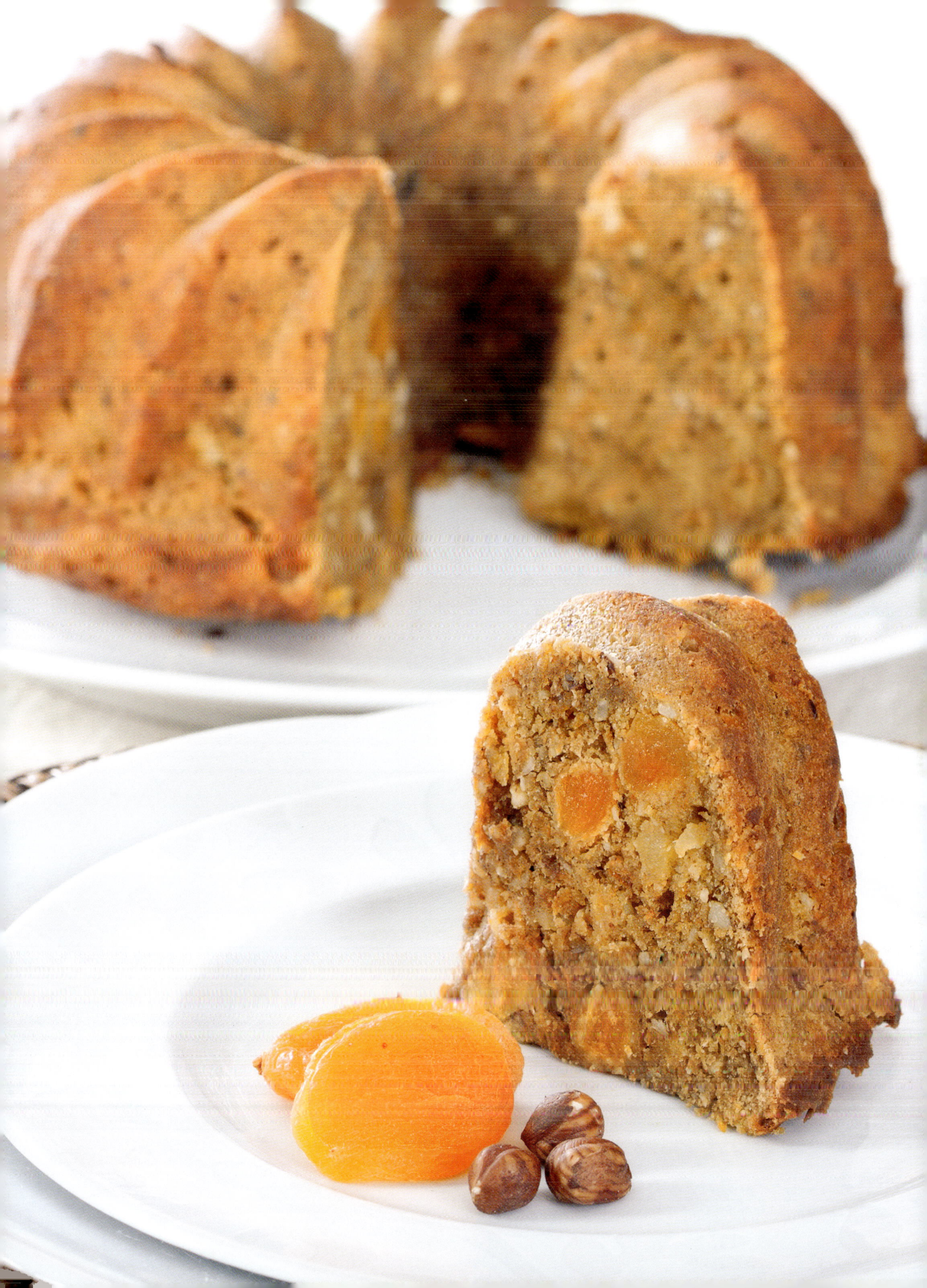

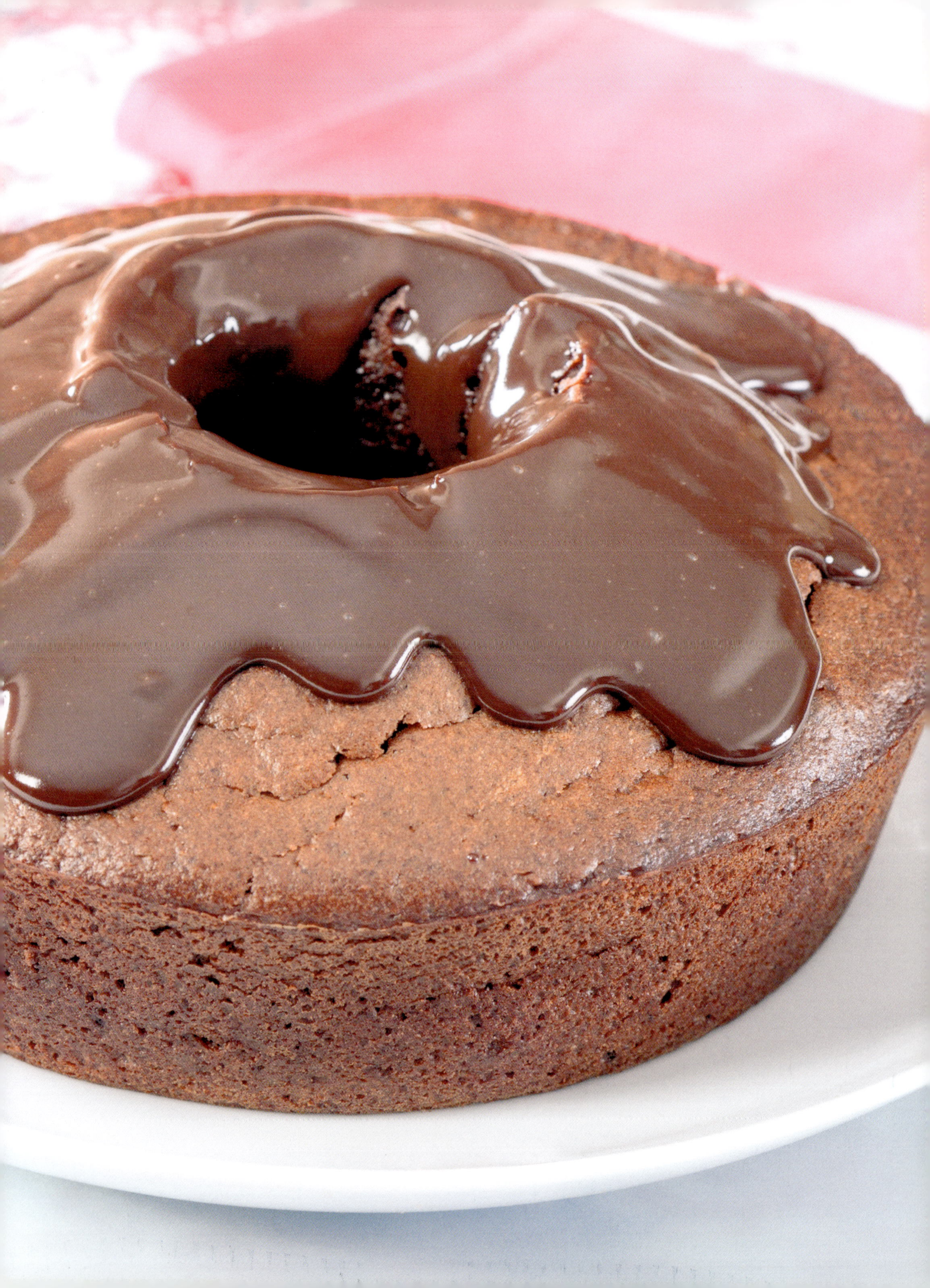

Bolo Chocofesta

Ingredientes
2 xícaras (chá) de farinha de trigo
1 xícara (chá) de açúcar
1 xícara (chá) de chocolate em pó
3/4 de xícara (chá) de óleo
1 xícara (chá) de água
3 ovos
1 colher (sopa) de fermento em pó

Cobertura
4 colheres (sopa) de açúcar
2 xícaras (chá) de leite
2 colheres (sopa) de amido de milho
1 xícara (chá) de chocolate em pó

Modo de Preparo
Em uma tigela, misture a farinha de trigo, o açúcar e o chocolate. Em uma leiteira, aqueça o óleo junto com a água e despeje na mistura da tigela. Misture bem e adicione as gemas e depois o fermento, mexendo sempre. Bata as claras em neve e incorpore à massa, delicadamente. Despeje a massa em uma fôrma redonda de furo central untada e enfarinhada e leve ao forno preaquecido em temperatura média por 40 minutos. Deixe amornar e desenforme.

Cobertura
Em uma panela, misture o açúcar, o leite, o amido e o chocolate. Leve ao fogo baixo, mexendo sempre, até engrossar. Despeje ainda quente sobre o bolo.

Rendimento: 12 porções
Tempo de Preparo: 1 hora e 20 minutos

Bolo com Chocolate e Calda de Maracujá

Ingredientes
Massa
3 ovos
2 xícaras (chá) de açúcar
150 g de manteiga em temperatura ambiente
2 e 1/2 xícaras (chá) de farinha de trigo
1 colher (sopa) de fermento em pó
1 xícara (chá) de leite
1 xícara (chá) de chocolate meio amargo cortado em cubos
Cobertura
3 maracujás
1 xícara (chá) de açúcar

Modo de preparo
Bata na batedeira as gemas com o açúcar e a manteiga até formar um creme. Junte a farinha e o fermento peneirados intercalando com o leite. Junte o chocolate picado. Bata as claras em neve e incorpore, delicadamente, à massa. Coloque em uma fôrma redonda untada e enfarinhada. Leve ao forno preaquecido em temperatura média por 40 minutos. Espere esfriar e desenforme.
Cobertura
Em uma panela, misture a polpa dos maracujás com o açúcar e leve ao fogo até formar uma calda. Cubra o bolo com a calda de maracujá.

Rendimento: 12 porções
Tempo de Preparo: 1 hora

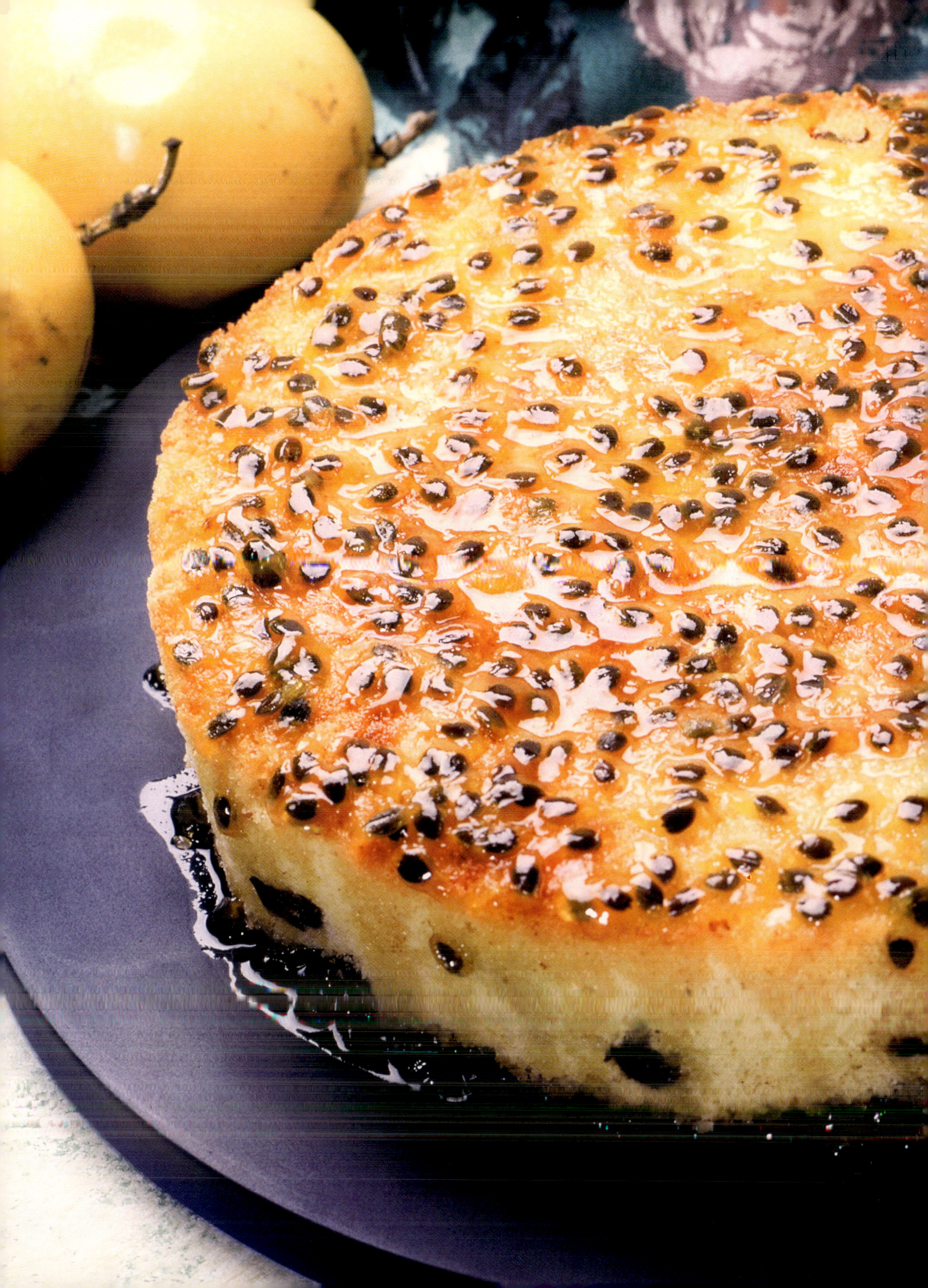

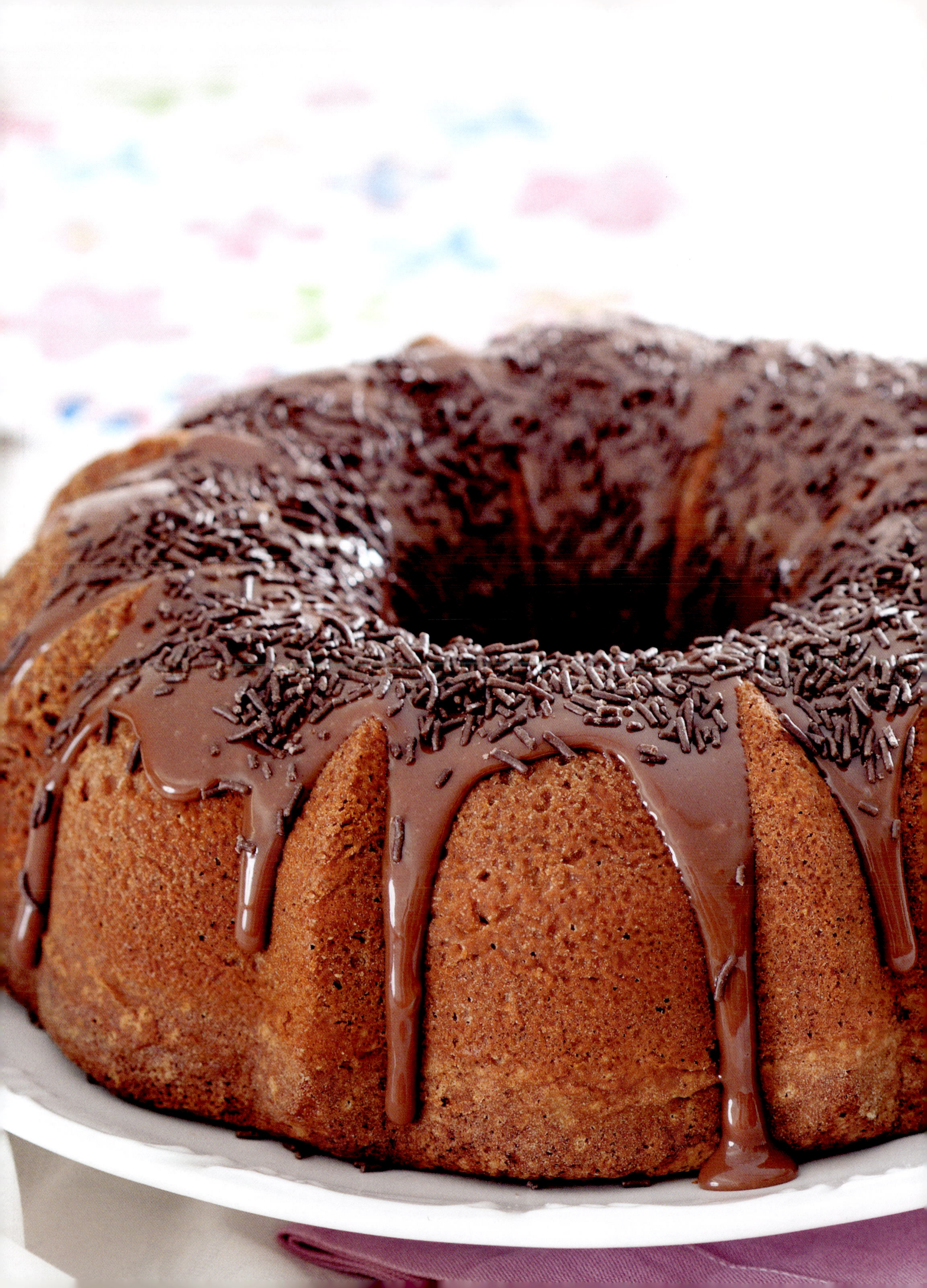

Bolo Brigadeiro

Ingredientes
Massa
5 ovos / 1 xícara (chá) de açúcar / 1 xícara (chá) de leite / 2 xícaras (chá) de farinha de trigo / 1/2 xícara (chá) de chocolate em pó / 1 colher (sopa) fermento em pó

Cobertura
2 latas de leite condensado / 2 colheres (sopa) de manteiga sem sal / 5 colheres (sopa) de achocolatado em pó / 1 colher (sopa) de chocolate ou cacau em pó / 1 xícara (chá) de chocolate granulado

Modo de Preparo
Massa
Bata na batedeira as claras em neve bem firmes e, aos poucos, sem parar de bater, junte as gemas, uma a uma, e o açúcar. Despeje o leite aos poucos, sem parar de bater. Incorpore, por fim, a farinha peneirada com o chocolate em pó e o fermento. Despeje em uma fôrma untada e enfarinhada e leve ao forno preaquecido em temperatura média por 40 minutos. Deixe esfriar e desenforme.

Cobertura
Leve o leite condensado, a manteiga, o achocolatado e o cacau em pó ao fogo, mexendo sempre. Quando ferver, abaixe o fogo e cozinhe, sem parar de mexer, até formar um creme consistente. Cubra o bolo com esse brigadeiro e polvilhe o chocolate granulado.

Rendimento: 12 porções
Tempo de Preparo: 1 hora e 10 minutos

Bolo Luís Felipe

Ingredientes

Calda

3 xícaras (chá) de açúcar granulado ou cristal
3 xícaras (chá) de água

Bolo

8 ovos
3/4 de tablete de manteiga em temperatura ambiente (150 g)
1 e 3/4 de xícara (chá) de farinha de trigo
1 xícara (chá) de queijo minas padrão ralado
1 vidro de leite de coco (200 ml)

Modo de Preparo

Calda

Ferva o açúcar com a água até formar uma calda não muito rala (fio médio). Coloque a calda na fôrma de furo central, espalhando pela lateral e reserve.

Bolo

Bata os ovos na batedeira até ficarem espumosos. Acrescente a manteiga, a farinha de trigo, o queijo e o leite de coco. Despeje a mistura na fôrma sobre a calda e leve ao forno preaquecido em temperatura média por 50 minutos. Deixe esfriar e desenforme.

Rendimento: 12 porções
Tempo de Preparo: 1 hora e 15 minutos

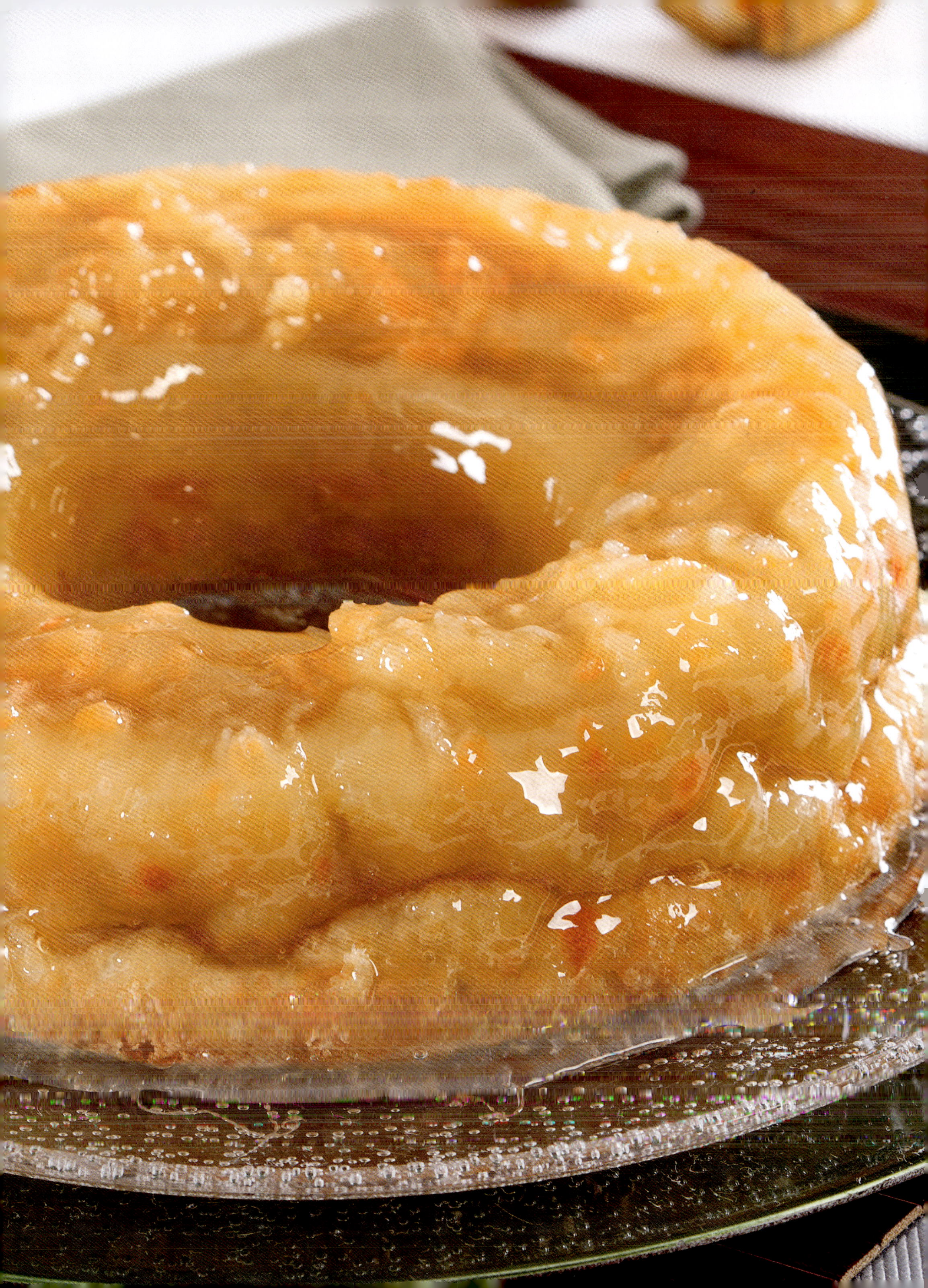

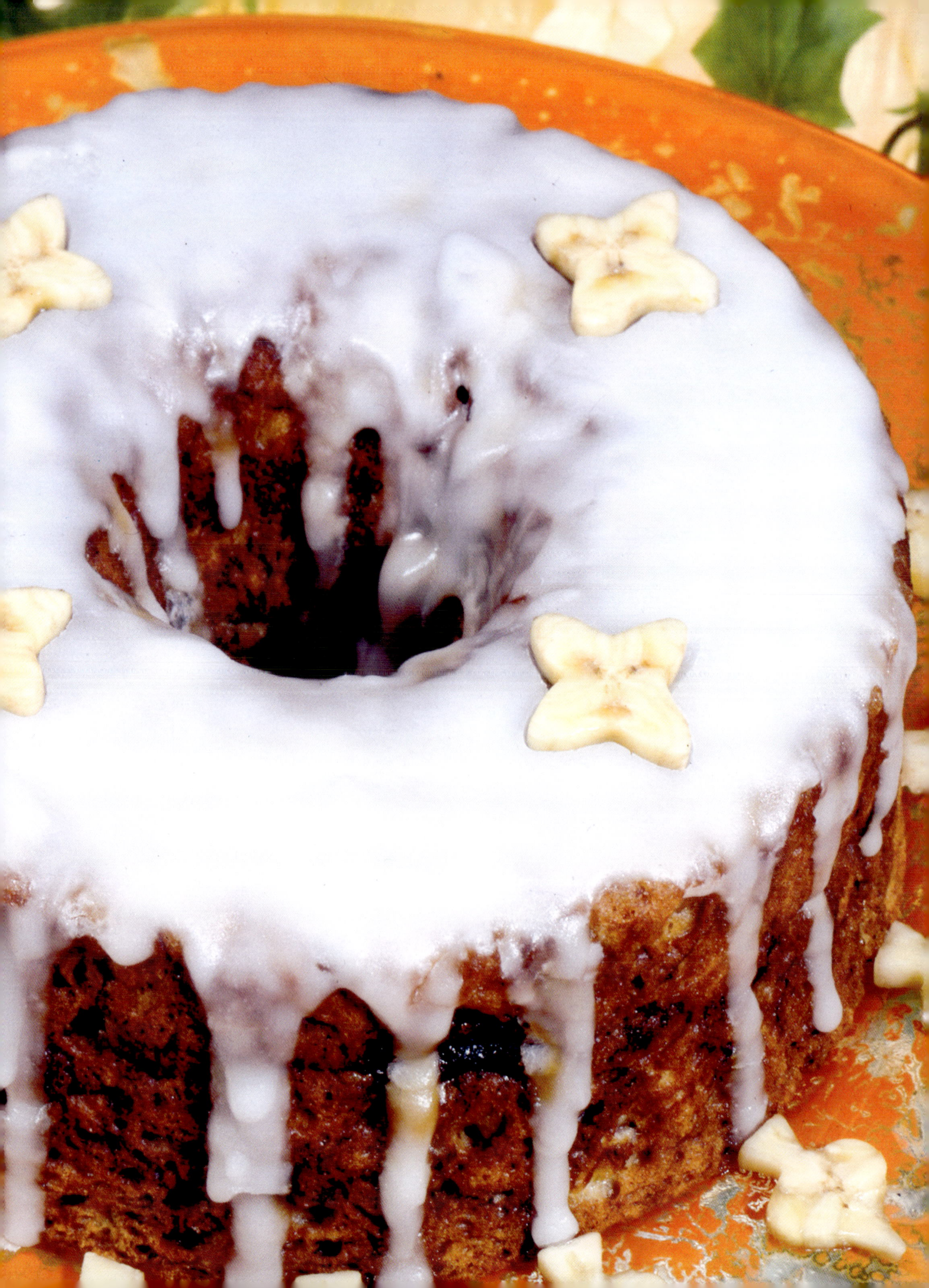

Bolo de Banana com Nozes-Pecã

Ingredientes

Massa

2 xícaras (chá) de açúcar
1 tablete de manteiga em temperatura ambiente (200 g)
4 ovos
5 bananas maduras amassadas
2 xícaras (chá) de farinha de trigo
1 colher (sopa) de fermento em pó
1 xícara (chá) de nozes-pecã trituradas

Cobertura

4 colheres (sopa) de leite quente
2 e 1/2 xícaras (chá) de açúcar de confeiteiro
3 colheres (sopa) de suco de limão

Modo de Preparo

Bata na batedeira o açúcar com a manteiga até que fique cremoso. Junte os ovos, um a um, e as bananas. Acrescente a farinha de trigo, o fermento e as nozes. Coloque em uma fôrma de furo central untada e enfarinhada. Leve ao forno preaquecido em temperatura média por 40 minutos.

Cobertura

Misture o leite quente, o açúcar de confeiteiro e o suco de limão. Cubra o bolo com essa cobertura.

Rendimento: 10 porções
Tempo de Preparo: 1 hora e 5 minutos

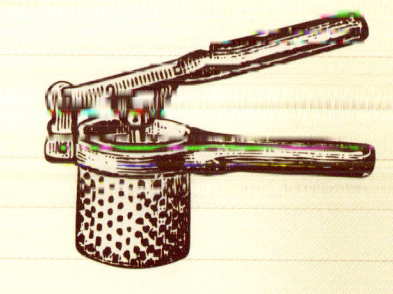

Bolo Prestígio

Ingredientes

Massa
5 ovos / 1 xícara (chá) de açúcar / 1/2 xícara (chá) de farinha de trigo / 1/2 xícara (chá) de chocolate em pó / 1 colher (sopa) de fermento em pó / 1 xícara (chá) de leite

Recheio
1 lata de leite condensado / 1 pacote de coco em flocos (100 g) / 1 colher (sopa) de manteiga

Cobertura
1 lata de leite condensado / 3 colheres (sopa) de chocolate em pó / 1 colher (sopa) de manteiga / 1 pacote de coco em flocos para decorar (100 g)

Modo de Preparo

Massa
Bata na batedeira as claras em neve e junte as gemas, uma a uma, batendo por uns 4 minutos. Acrescente o açúcar e bata por mais 1 minuto. Junte a farinha de trigo, o chocolate em pó e o fermento, peneirados. Ferva o leite e acrescente-o a massa. Coloque a massa em uma fôrma untada e enfarinhada. Leve ao forno preaquecido em temperatura média por 40 minutos. Deixe amornar, desenforme e corte ao meio para rechear.

Recheio
Leve o leite condensado, o coco e a manteiga ao fogo, mexendo até engrossar um pouco. Recheie o bolo com o recheio ainda morno. Reserve.

Cobertura
Leve o leite condensado, o chocolate em pó e a manteiga ao fogo, mexendo até que engrosse levemente. Cubra o bolo com a cobertura ainda quente e polvilhe o coco ralado em flocos.

Rendimento: 12 porções
Tempo de Preparo: 1 hora e 40 minutos

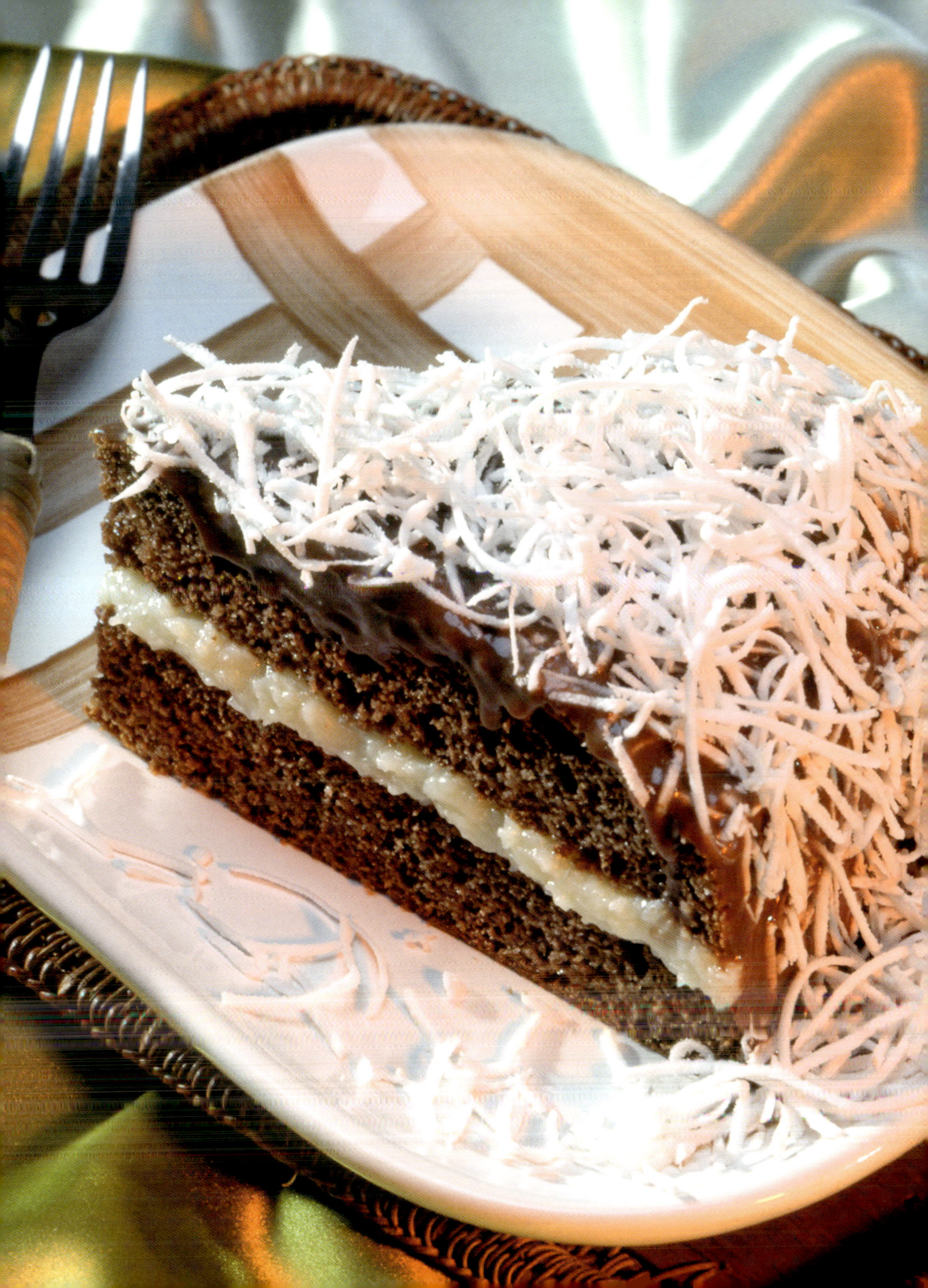

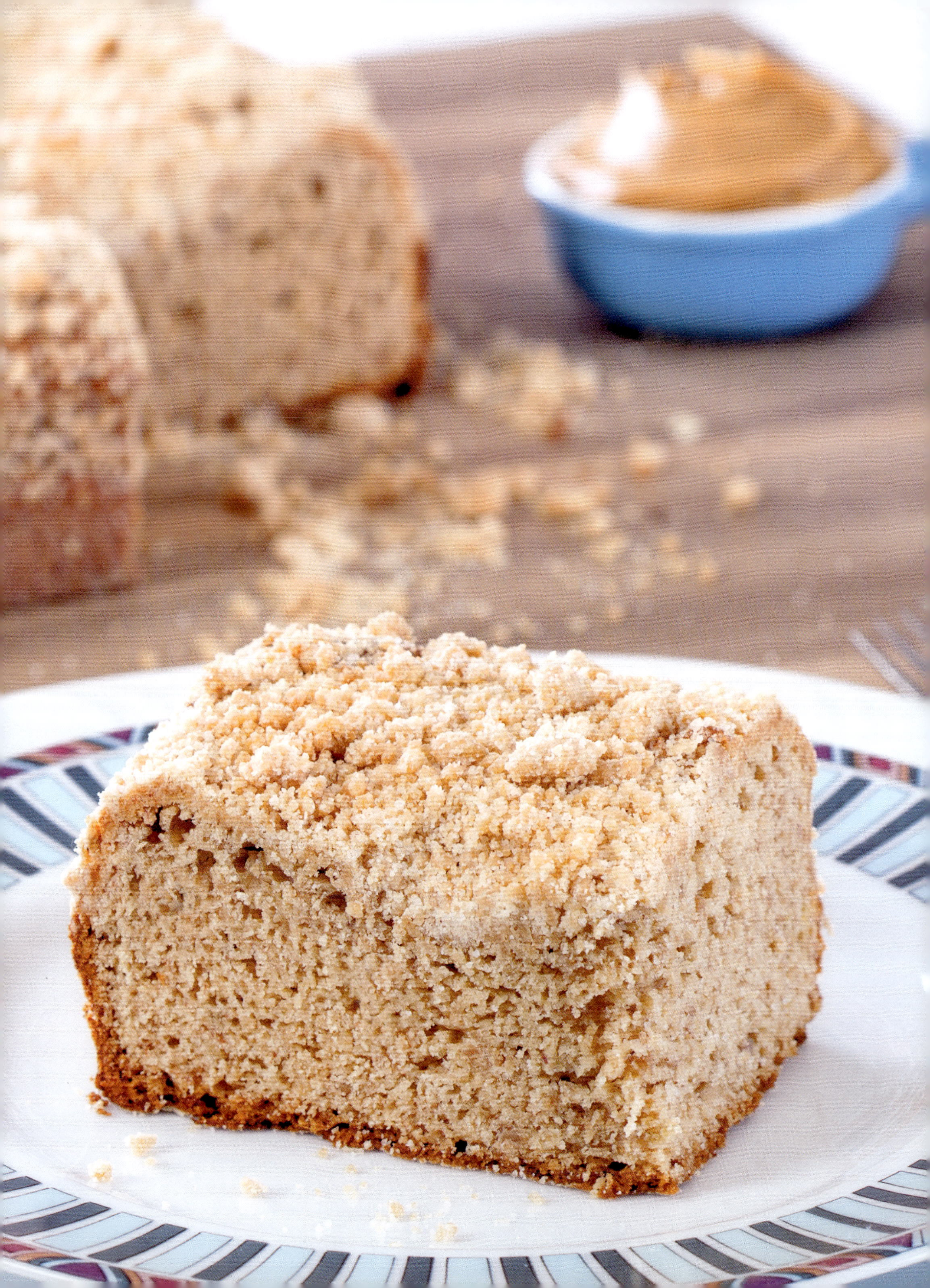

Bolo Farofa de Amendoim

Ingredientes

Massa
1 e 1/2 xícara (chá) de farinha de trigo
8 colheres (sopa) de pasta de amendoim
1 xícara (chá) de açúcar
2 bananas
1 colher (sopa) de suco de limão
2 ovos
1/2 xícara (chá) de leite
1 colher (sopa) de fermento em pó

Farofa
2/3 de xícara (chá) de farinha de trigo
4 colheres (sopa) de açúcar
2 colheres (sopa) de pasta de amendoim
1 colher (sopa) de manteiga gelada

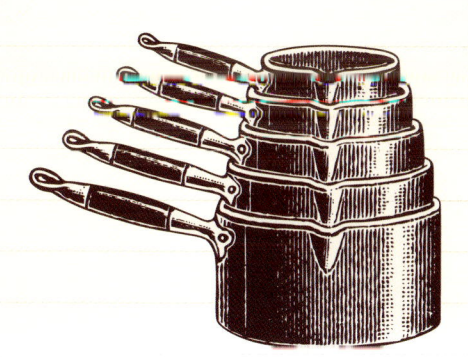

Modo de Preparo

Massa
Peneire a farinha e junte a pasta de amendoim. Misture até esfarelar. Adicione o açúcar, as bananas amassadas e misturadas com o suco de limão, os ovos, o leite e o fermento. Misture bem e passe para uma assadeira untada e enfarinhada. Reserve.

Farofa
Peneire a farinha de trigo e misture o açúcar. Acrescente a pasta de amendoim, a manteiga e misture até formar uma farofa. Espalhe essa mistura sobre a massa e leve ao forno preaquecido em temperatura média por 40 minutos.

Rendimento: 10 porções
Tempo de Preparo: 1 hora e 5 minutos

Bolo de Mel e Iogurte

Ingredientes

1 tablete de manteiga em temperatura ambiente (200 g)
1 e 1/4 de xícara (chá) de açúcar
2 ovos
1 pote de iogurte natural (200 g)
1 e 1/2 xícara (chá) de farinha de trigo
1 colher (sopa) de bicarbonato de sódio
5 colheres (sopa) de mel
150 g de figos secos picados

Modo de Preparo

Bata na batedeira a manteiga com o açúcar e os ovos até obter um creme fofo. Adicione o iogurte, a farinha, o bicarbonato e o mel. Mexa bem. Acrescente os figos e passe a massa para uma fôrma de furo central untada e enfarinhada. Leve ao forno preaquecido em temperatura média por 40 minutos. Espere amornar e desenforme.

Rendimento: 10 porções
Tempo de Preparo: 1 hora e 5 minutos

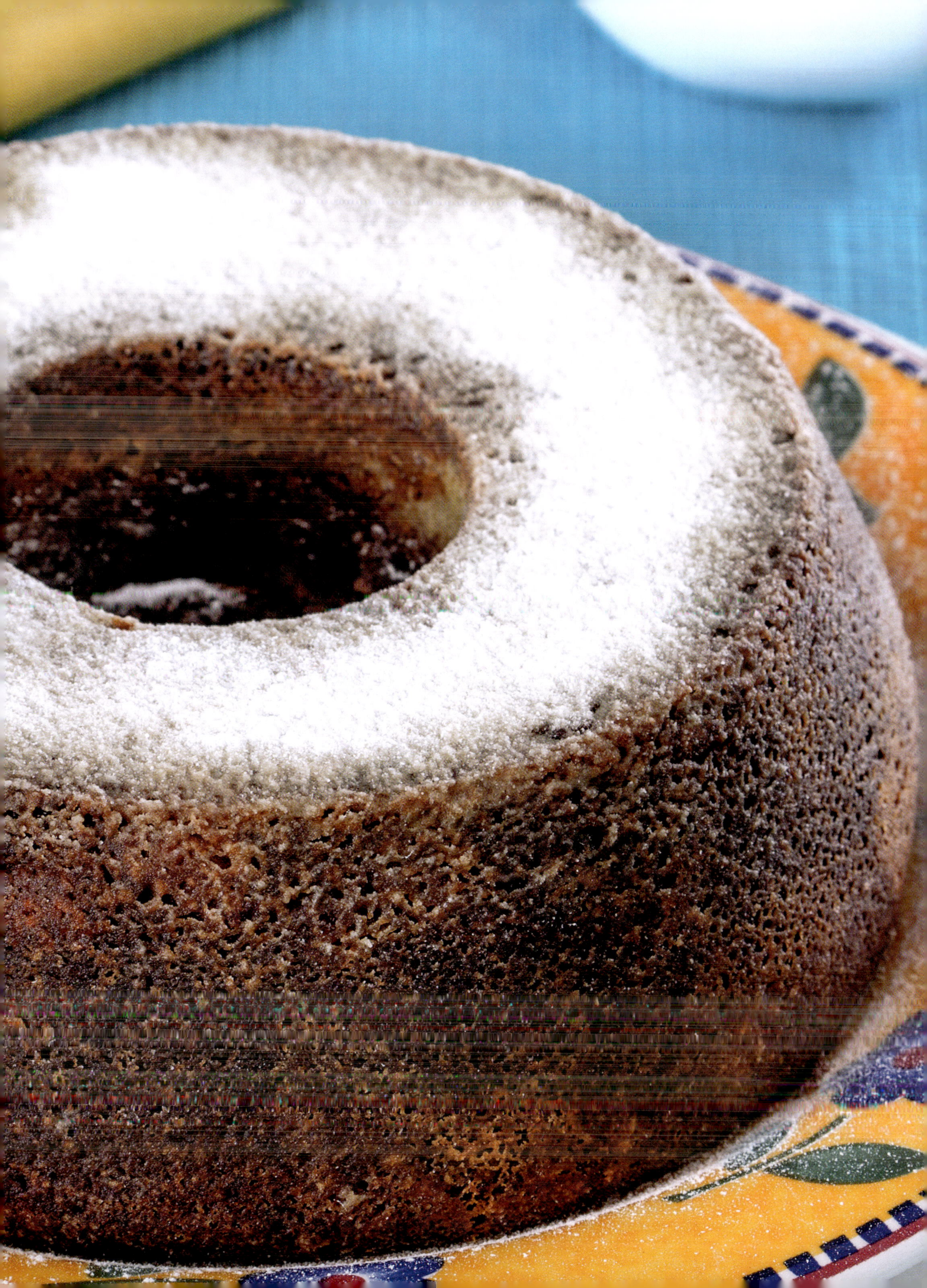

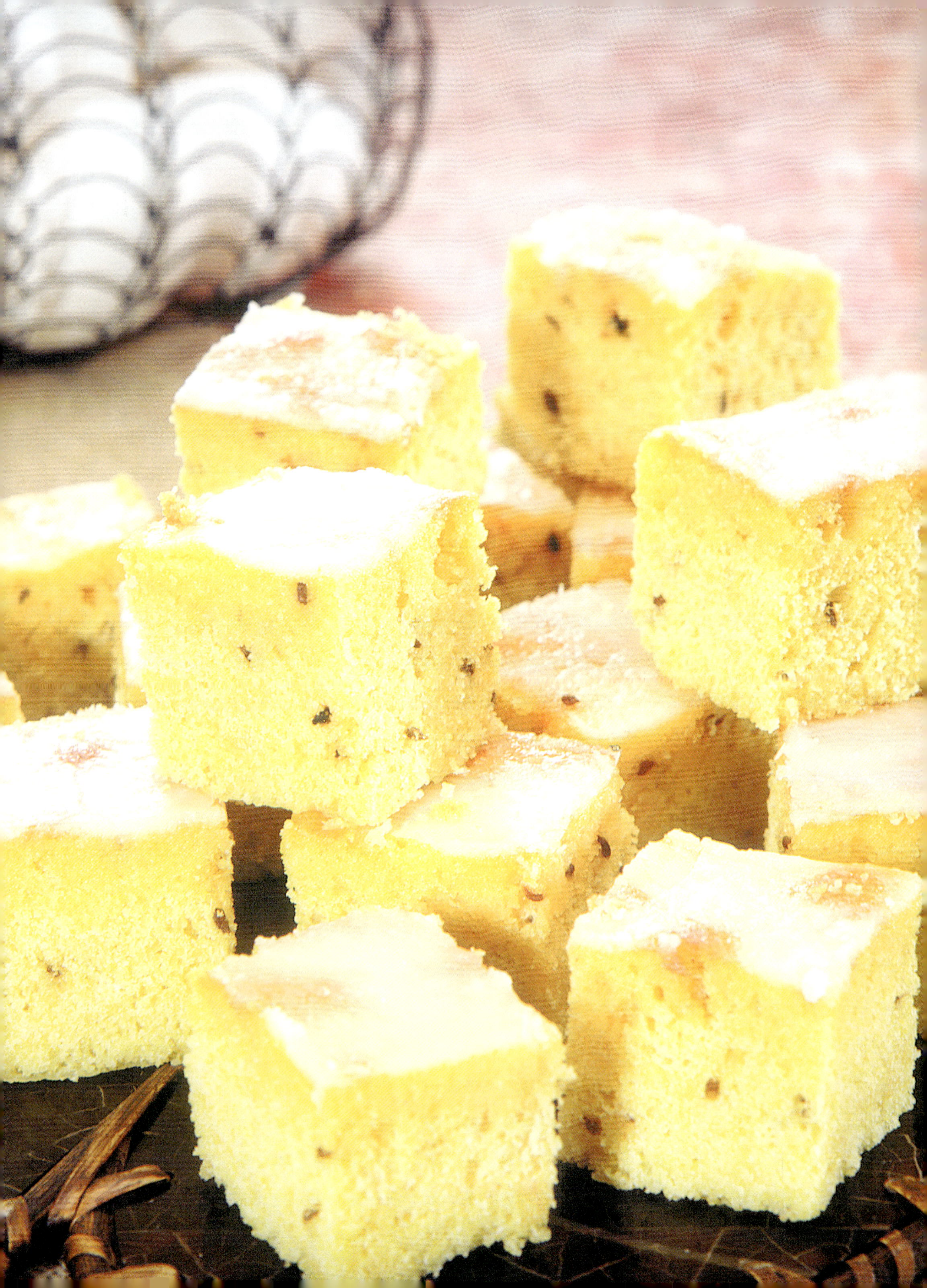

Bolo Sertanejo

Ingredientes
Massa
1/2 xícara (chá) de margarina
2 xícaras (chá) de açúcar
6 gemas
1 vidro de leite de coco (200 ml)
3 xícaras (chá) de fubá
1 colher (chá) de erva-doce
6 claras em neve

Cobertura
1 xícara (chá) de açúcar
3 colheres (sopa) de leite de coco

Modo de Preparo
Massa
Bata na batedeira a margarina com o açúcar e junte as gemas, aos poucos, até obter um creme claro. Acrescente o leite de coco, o fubá e a erva-doce. Junte as claras e misture delicadamente. Coloque em uma assadeira média untada e enfarinhada. Leve ao forno preaquecido em temperatura média por cerca de 40 minutos.

Cobertura
Misture bem o açúcar com o leite de coco e espalhe sobre o bolo ainda quente. Deixe esfriar e corte em pedaços.

Rendimento: 12 porções
Tempo de Preparo: 1 hora

Bolo Mesclado

Ingredientes
3 ovos
1 e 1/2 xícara (chá) de açúcar
1/2 tablete de manteiga em temperatura ambiente (100 g)
1/2 xícara (chá) de vinho moscatel licoroso
2 e 1/2 xícaras (chá) de farinha de trigo
1 colher (sopa) de fermento em pó
1/2 xícara (chá) de leite
1 xícara (chá) de cerejas em calda escorridas e picadas
3 colheres (sopa) de chocolate em pó
1/2 xícara (chá) de água
1 xícara (chá) de ameixa-preta sem caroço

Modo de Preparo
Bata na batedeira as gemas, o açúcar e a manteiga até que forme um creme. Acrescente o vinho, a farinha de trigo e o fermento peneirados, alternando com o leite. Bata as claras em neve e incorpore, delicadamente, à massa. Divida a massa em duas partes. Em uma delas, misture as cerejas e, na outra, o chocolate e as ameixas batidas com a água no liquidificador. Em uma fôrma de furo central untada e enfarinhada coloque as massas, intercalando-as para que o bolo fique mesclado. Leve ao forno preaquecido em temperatura média por 30 minutos.

Rendimento: 12 porções
Tempo de Preparo: 1 hora e 10 minutos

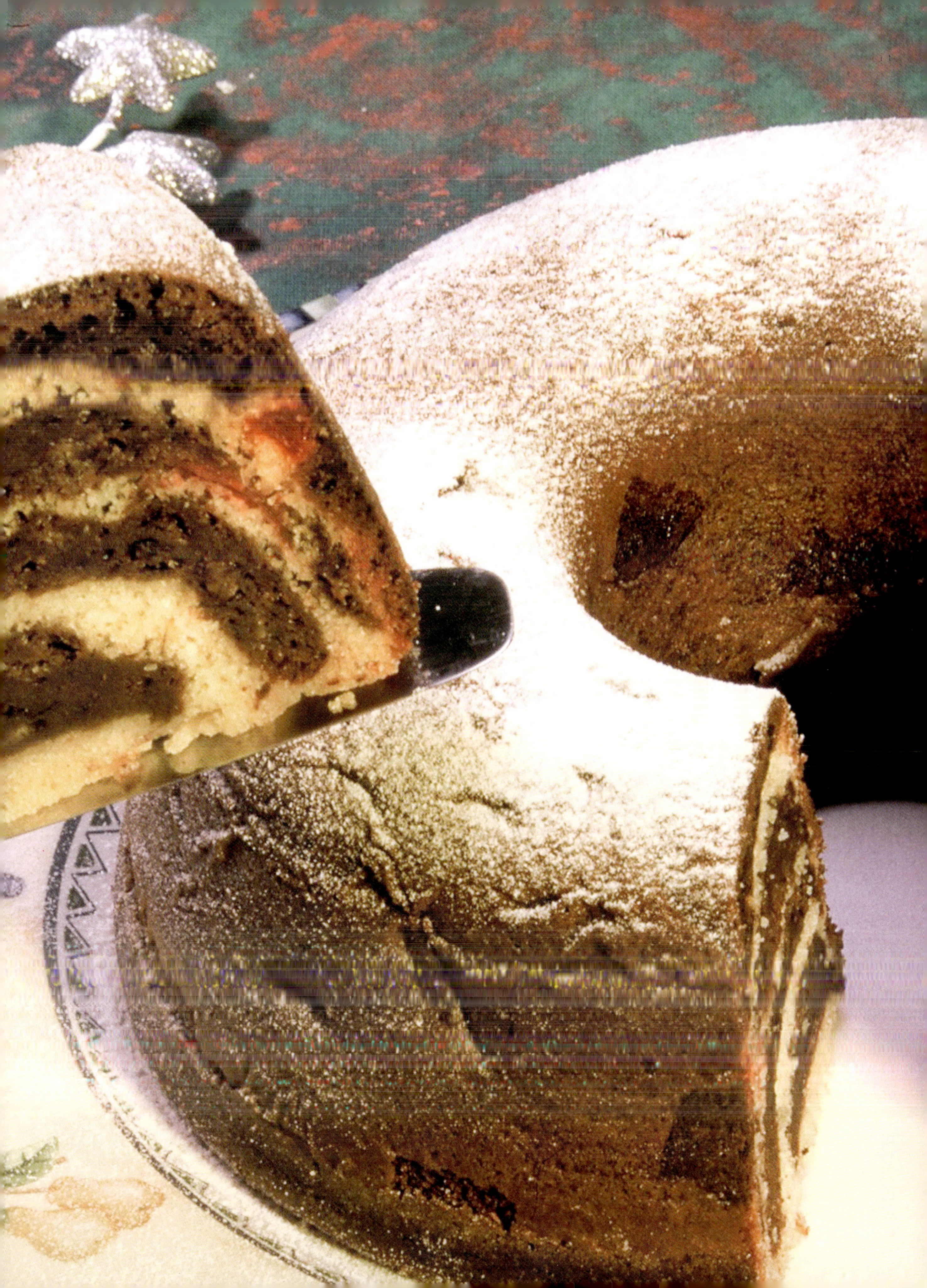

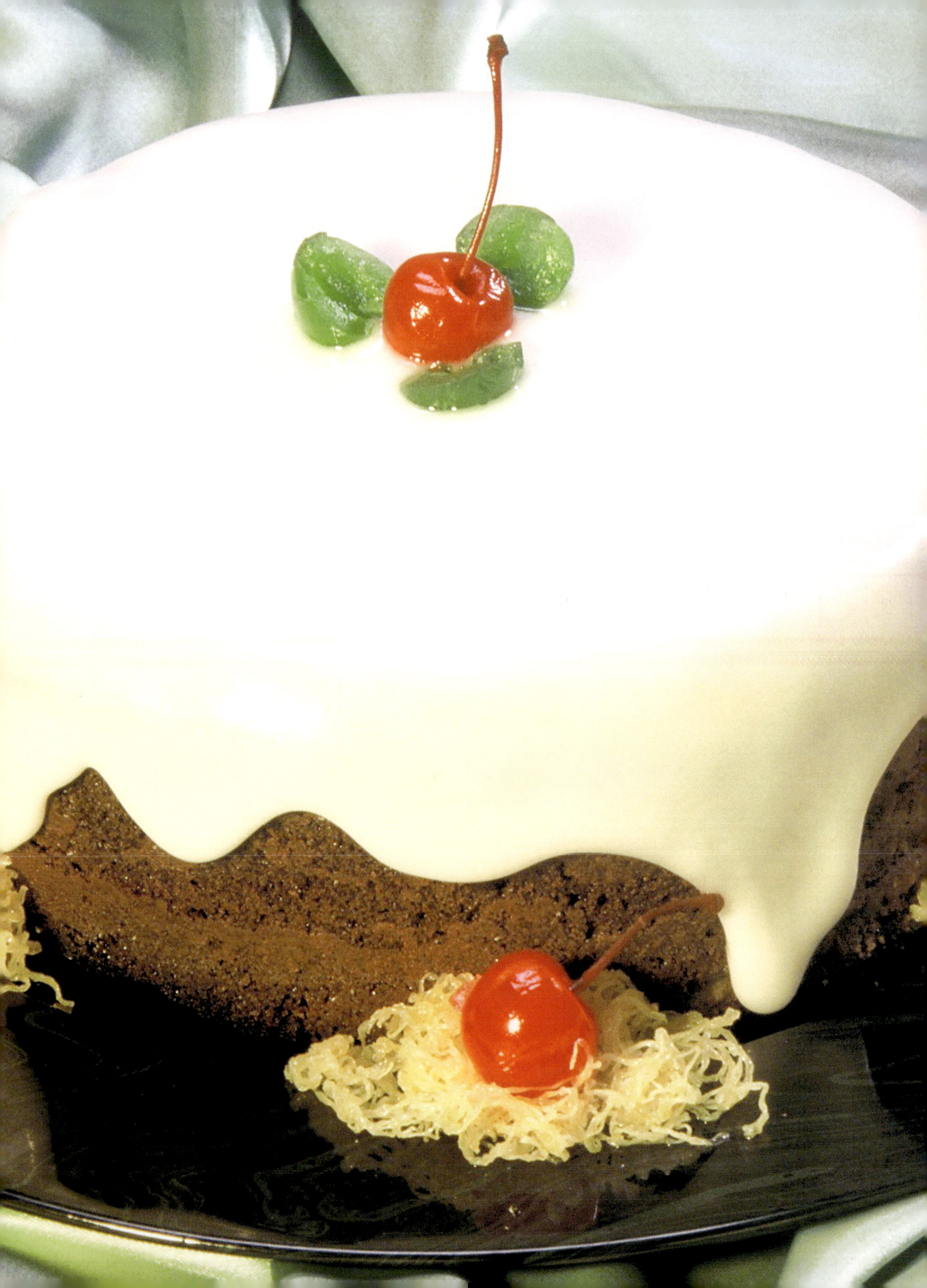

Bolo de Natal

Ingredientes
1 tablete de manteiga em temperatura ambiente (200 g)
2 xícaras (chá) de açúcar mascavo
4 ovos
1 lata de leite condensado
2 xícaras (chá) de farinha de trigo
1 colher (sopa) de fermento em pó
1 e 1/2 xícara (chá) de frutas cristalizadas
1/2 xícara (chá) de uvas-passas escuras

Cobertura
4 colheres (sopa) de leite quente
2 e 1/2 xícaras (chá) de açúcar de confeiteiro
3 colheres (sopa) de suco de limão
fios de ovos e cerejas para decorar

Modo de Preparo
Bata na batedeira a manteiga com o açúcar mascavo. Junte as gemas, uma a uma, e bata bem. Acrescente o leite condensado, aos poucos, e continue batendo. Acrescente a farinha de trigo e o fermento peneirados e misture. Junte as frutas cristalizadas e as uvas-passas. Bata as claras em neve e incorpore-as, delicadamente, à massa. Passe para uma fôrma untada e enfarinhada e asse em forno preaquecido em temperatura média por 40 minutos. Espere amornar e desenforme.

Cobertura
Misture o leite quente, o açúcar de confeiteiro e o suco de limão. Cubra o bolo e decore com fios de ovos e cerejas.

Rendimento: 12 porções
Tempo de Preparo: 1 hora e 30 minutos

Bolo para o Chá da Tarde

Ingredientes
1 tablete de manteiga em temperatura ambiente (200 g)
1 xícara (chá) de açúcar
4 ovos
2 gemas
2 e 1/4 de xícara (chá) de farinha de trigo
1 colher (sobremesa) de fermento em pó
1/2 xícara (chá) de açúcar de confeiteiro
raspas de 1/2 limão

Modo de preparo
Bata na batedeira a manteiga e o açúcar. Junte os ovos e as gemas e bata bem. Acrescente a farinha de trigo e o fermento peneirados. Coloque em uma assadeira untada e enfarinhada. Leve ao forno preaquecido em temperatura média por 40 minutos. Deixe esfriar e polvilhe o açúcar de confeiteiro e as raspas de limão.

Rendimento: 10 porções
Tempo de Preparo: 1 hora

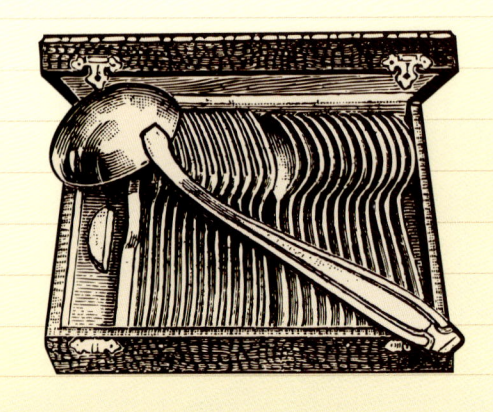

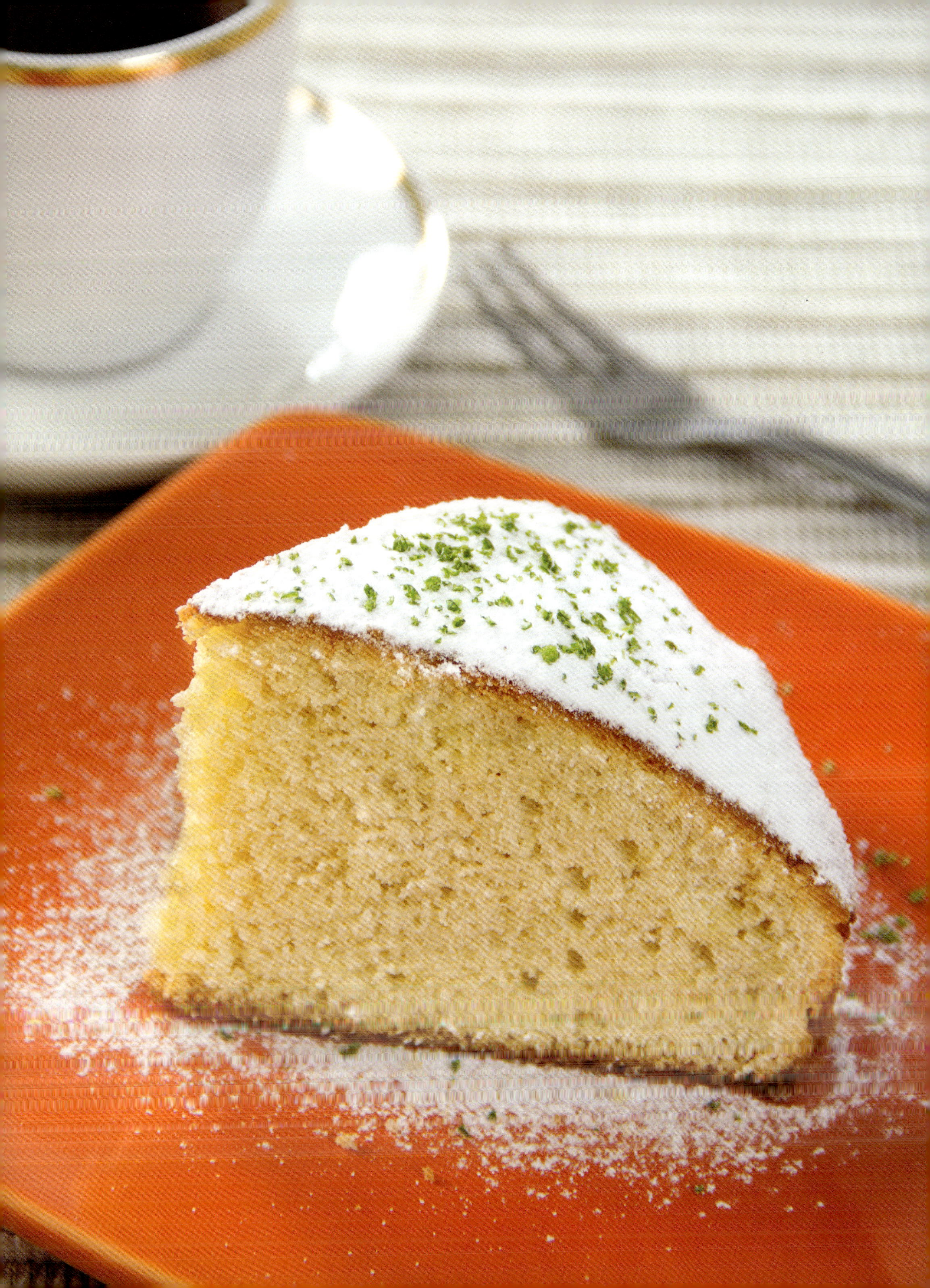

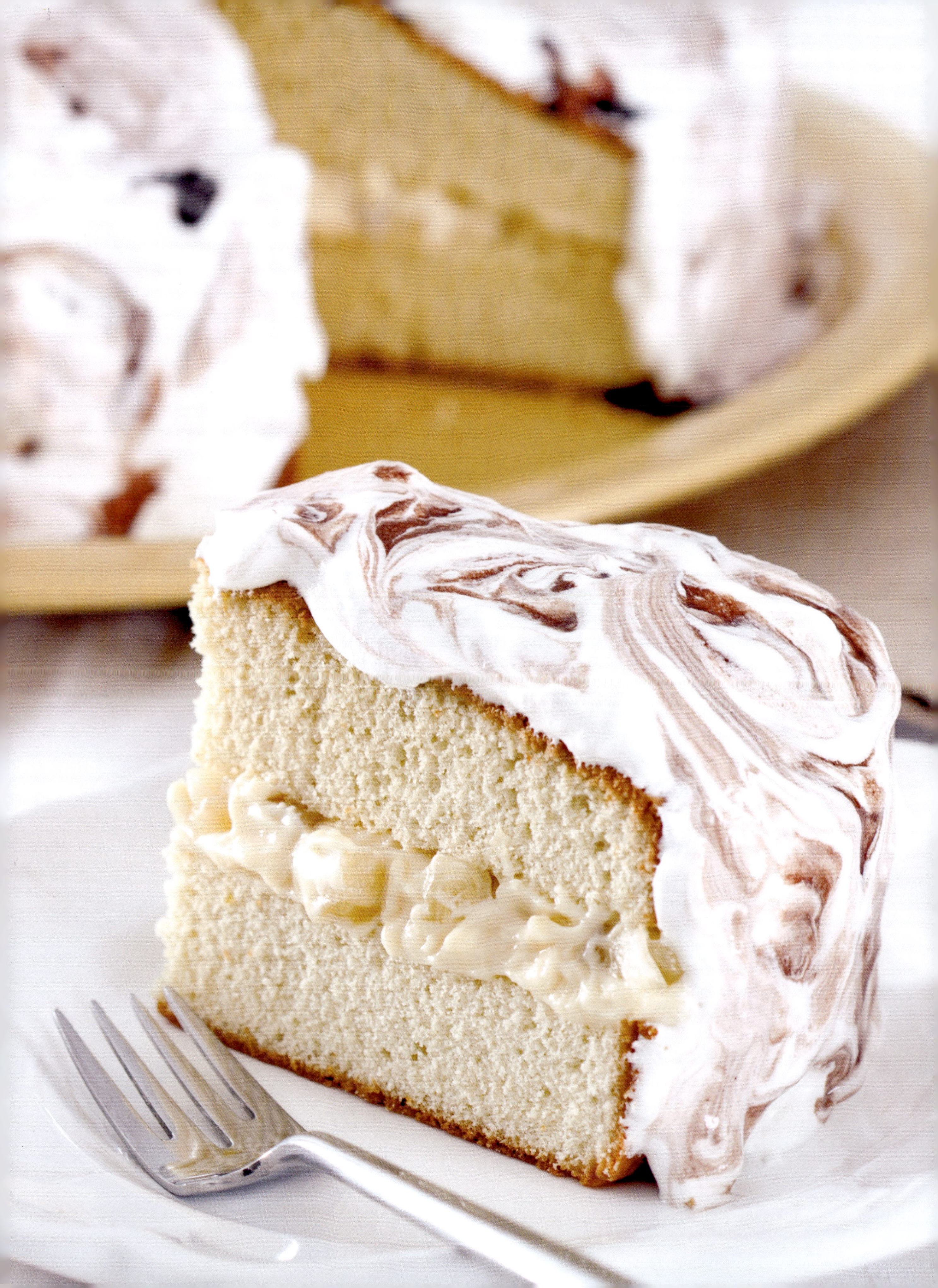

Bolo de Festa

Ingredientes

Massa: 6 ovos / 1 xícara (chá) de açúcar / 1 xícara (chá) de farinha de trigo / 1/4 de tablete de manteiga derretida

Recheio: 1/2 lata de leite condensado / 250 ml de leite / 2 gemas / 1 e 1/2 colher (sopa) de amido de milho / 1/2 lata de creme de leite sem soro / 1/2 colher (chá) de essência de baunilha / 1 xícara (chá) de abacaxi em calda picado

Marshmallow: 4 claras / 1 xícara (chá) de açúcar / 1/2 xícara (chá) de água / 1 embalagem de calda de chocolate para sorvete

Modo de Preparo

Massa: Coloque os ovos e o açúcar em uma panela e leve ao fogo baixo até que o açúcar dissolva, sem cozinhar os ovos. Passe para a tigela da batedeira e bata até que forme um creme fofo. Acrescente a farinha peneirada, a manteiga derretida e misture delicadamente. Coloque a massa em uma fôrma redonda untada, forrada com papel-manteiga e novamente untada com manteiga. Asse em forno preaquecido em temperatura média por 40 minutos. Deixe esfriar, desenforme e corte o bolo ao meio.

Recheio: Em uma panela, misture o leite condensado, o leite, gemas e o amido de milho. Leve ao fogo e mexa até engrossar. Retire e coloque o creme de leite sem soro e a baunilha. Deixe esfriar e misture o abacaxi.

Marshmallow

Misture o açúcar e a água e leve ao fogo. Quando começar a ferver, comece a bater as claras. Quando a calda atingir ponto de fio derrame-a em fio sobre as claras, com a batedeira ligada, e bata até esfriar.

Montagem: Distribua o recheio sobre uma parte do bolo e cubra com a outra parte. Espalhe o marshmallow sobre ele e pingue a calda de chocolate mexendo com um garfo.

Rendimento: 12 porções
Tempo de Preparo: 1 hora e 40 minutos